工学部ヒラノ教授とおもいでの弁当箱

KONNO, Hiroshi
今野 浩

青土社

工学部ヒラノ教授とおもいでの弁当箱

目次

工学部ヒラノ教授とおもいでの弁当箱

1　幼稚園児のひもじい生活

梅ちゃん先生

二〇一二年に放映された、ＮＨＫの連続朝ドラ「梅ちゃん先生」は、敗戦直後の東京・蒲田を舞台とするドラマだった。上野公園には浮浪児が溢れ、街では腕や足を失った傷病兵が物乞いをしていた時代である。

天下の美少女・堀北真希さんが演じる〝下村梅子ちゃん〟は、帝都大学医学部教授の末娘（高校三年生）という設定である。祖母と両親、それに子供三人が住む家は十分な広さがあり、風呂場も屋内にあった。祖母や母親が内職で消耗している様子はなく、息子や娘たちの見なりもきちんとしていた。また下村教授は夕食後に、悠然と専門書を読んでいた。つまりこのころの下村一家は、〝人間らしい〟生活をしているように見えた。

登場人物が汚らしい恰好をしていると、視聴率が落ちるので、可能な限りの脚色を施した結果、このような設定になったのだろう。

一方、幼稚園児だった私は、どこから見ても〝人間らしい〟とは言えない生活を送っていた。昭和二一年当時、私の父は静岡大学文理学部の助教授を務めていた。五〇代はじめの一流大学医学部教授と、三〇代後半の駅弁大学助教授の給料には、四割くらいの違いがあっても不思議はない。しかしそれを考慮に入れても、わが家の暮らしは、梅ちゃん一家とは比べ物にならないほど悲惨なものだった。

両親と男の子が二人（小学生と幼稚園児）の私たち一家は、材木工場の片隅にある掘立小屋に住んでいた。四畳半が二つと台所という小さな建物で、トイレと風呂は家の外にあった。トタン屋根なので夏は暑く、隙間風のせいで冬はとても寒かった。雨が降ると天井から雨水が滴り落ちるので、バケツにお出ましを願った。

芥川龍之介の小説『河童』には、便壺の中に潜んでいる河童が、用を足している男の尻に手を突っ込み、内臓を引っ張り出して食べる話が出てくる。作り話だということは分かっていても、真夜中に電燈がないトイレで用をたすときの恐ろしさは、今も忘れられない。

身につけているシャツやパンツはオンボロロ、オンボロボロロ。ドラム缶製の風呂桶には、中に浮かべた板の上に乗って入るのだが、足が短い幼稚園児は、バランスを崩して何度も足の裏を焼かれた。温暖な静岡でも真冬には氷が張るから、屋外で風呂に入るのは〝冒険〟である（だから冬の間は、熱いタオルで体を拭くだけだった）。

お米の配給量が少ないので、白米ごはんは滅多に出なかった。ある日の朝ご飯は、米半分・押し麦半分の麦ごはん。おかずは大根の味噌汁、小魚や裂きイカのつくだ煮、そして生卵半分。

半分というのは、兄と二人で分けるという意味である。賢い兄は、生卵に醤油をたらして二～三回かき混ぜたあと、弟に向かって、「先にかけていいぞ」と言う。ところが先にかけると、どろりとした白身だけが麦飯の上に落ちる。かくして弟は、〝黄身なし卵かけごはん〟を食べていたのでした。

昼食はふかし芋。夕飯はすいとん。若い読者のために説明を加えると、すいとんとは水で練った小麦粉を丸めて、大根、ニンジン、ゴボウなどが入った鍋の中に、ポトンと落として煮たものである。

おかずは、納豆、サバの味噌煮、アジの開き、焼き油揚げ、うの花煮、千切りイカの飴煮、クジラ肉の大和煮（缶詰）、まぐろのフレーク（缶詰）などのローテーションである。豚肉、牛肉はたまに出てきたが、牛肉以上に高価な鶏肉は出たためしがなかった。

辛かったのは、ごはんの量が少ないことである。私には、あのころ腹一杯にごはんを食べた記憶がない。ヤミ米を買う財力がある商店主や工場主は、食べ物に苦労しなかったかもしれない。しかし、資産ゼロの国家公務員一家は、生きていくのがやっとだった。

三つ年上の兄は、弟の前では腹が減っている素振りは見せなかった。しかし、友人の間では〝ハングリさん〟と呼ばれていた。幼稚園児には何の意味か分からなかったが、後年〝hungryさん〟だということに気がついた。このようなあだ名がついたことからすると、兄は弟以上に腹をすかせていたのかもしれない。

幼稚園児は、他人の胃袋にまで頭が回らなかったが、両親は子供たち以上に空腹だったはずだ。一九〇九年生まれの父と三つ年下の母は、戦前にはまずまずの生活をしていたのだから、敗戦直後の耐乏生活はとても応えただろう。

空腹に耐えかねて、非常用の乾パンを盗み食いしているところを母に見つかり、押し入れに放り込まれた時、五歳の少年は首を吊ろうと思った。しかし、どうやって吊ればいいか分からないし、腹が減ったままで死ぬと、三途の川を渡りきれないかもしれないと考えて、先延ばしした。そうこうしているうちに、いつの間にか後期高齢老人になってしまった。〝ああ少年老い易く学成り難し〟。

「梅ちゃん」と「おしん」の間

戦後間もないころの私たち一家の食生活は、「梅ちゃん」と一九八〇年代初めに放映された「おしん」の中間だと言えば、当たらずとも遠からずである。

「おしん」で有名になったのは、〝大根めし〟である。インターネットで検索すると、二人分のレシピは、〝お米〇・五合、大根のさいの目切り〇・五合、水一合〟と書いてあった。私の家のすいとんには、ゴボウやニンジンも入っていたが、このレシピと大きな違いはなかった。

たまに出るおやつは、(配給の)冷凍イモ、焼きイナゴ、煎り小麦粉、ポンせんべい、(静岡特産の)ミカンなどである。古希を過ぎた人なら、焼きイナゴの薄気味悪さ、冷凍イモのぐちゃぐちゃ感を覚えているだろう。

〝ポンせんべい〟というのは、塩をまぜた小麦粉を圧力釜で加熱し、一定の時間が過ぎたところで蓋をあけると、ポンという大きな音がして飛び出してくる焼き菓子の一種である。気が荒いおじさんがリヤカーを引いてやってくると、私は小麦が入ったどんぶりを持って列に並んだ。食料不足の時代なので、材料を持参しない客には売ってくれないのである。

配給のお米を買うときには米穀通帳が、また食堂でお米のご飯を食べるときには、〝外食券〟なるチケットが必要だった。また昭和二二年には、食糧管理法を守って、（闇米に手を出さずに）配給米だけで暮らしていた裁判官が、栄養失調で死んだという事件もあった。

冷凍イモや焼きイナゴ同様、ポンせんべいは、食糧事情が良くなるにしたがって姿を消した。私は食べたことはないが、大阪方面で今も売られている〝ポン菓子〟は、敗戦直後のポンせんべいとは似て非なるものだろう（そうでなければ売れるはずがない）。

山形で造り酒屋を営む（比較的）裕福な叔母から、年に一～二回〝酒粕パン〟が送られてきた。酒粕を固めて作った、餅のような物体である。カロリーは豊富なはずだが、アルコール分が含まれているという理由で、幼稚園児は食べさせてもらえなかった。

何もおやつがないときには、ザラメと重曹を混ぜたものを勺子の中に入れて、カルメ焼きを自作したが、うまく出来た試しがなかった。卵白を混ぜないと膨らまないということを知ったのは、大人になってからである。膨らまないカルメ焼きの前で悄然とする当時の自分を想像すると、涙が出てくる。

家の前の道路では、時折数人の少年が、「ギブミー・ガム、ギブミー・チョコ」と叫びながら、アメリカ兵が乗っているジープを追いかけていた。アメリカ兵は少年たちを焦らせながら、ガムやチョコレートを放り投げる。地面に落ちたガムを拾おうとして、手を伸ばす少年たち。拾い損ねた少年は、さらにジープを追いかける。彼らは、動物園の猿そのものだった。

もちろん私もチョコレートがほしかったが、このゲームには加わらなかった。アメリカ兵に物乞いするようなことは、プライドが高い母が許さなかったし、幼稚園児が小学生を出し抜いて、獲物を手に入れることが出来るはずがないからである。

私たち兄弟は、まだ成長期に入っていなかったから、このような食生活にもかかわらず、後期高齢者になるまで生き長らえることができた。しかし昭和一ケタ生まれは、このころの栄養不足が祟って、短命な人が多いということだ（その一方で、牛肉や卵などの高コレステロール食品の摂取量が少なかったので、それ以後の世代より長命だという説もある）。

父は大学から帰ると、内職――あるときは封筒の糊付け、あるときはズック靴のゴム底貼り、またあるときは海外文献の翻訳――をやっていた。父が下村教授のように、夕食後に専門書を読むようになったのは、私が小学二年生になった昭和二三年以降である。一ドル三六〇円の時代だから、洋書はとても高かった。そこで父は、図書館から借りてきた本を、ノートに書き写していた。

母は、一日中ミシンを踏んでいた。針が折れると、私が一キロほど先の店まで、〝オルガン印一六番〟の針を買いに行かされた。

晩ご飯のあと、兄は図書室から借りてきた本を読んでいた。一方、何もやることがない弟は、すぐにせんべい布団に入った。夜中にオシッコ信号で目が覚めると、父はまだ内職をやっていた。

給料の遅配

帝都大学のコンクリート製の建物と違って、父が勤める〝駅弁大学〟は、震度四の地震が来たら壊れそうな木造の建物だった。駅弁大学と呼ばれるのは、昭和二一年の学制改革で、旧制高校を格上げして作られた新制大学の所在地にある国鉄の駅では、駅弁が販売されていたからである（〝一億総白痴化〟などの名文句を発明した、大宅壮一という評論家による絶妙なネーミングである）。

グラウンドの隅の部分は畑になっていて、私は休みの日に、父の農作業を手伝わされた。一方大秀才の兄は、肉体労働を免除され家で本を読んでいた。

畝づくりや草むしりは辛かった。しかし、さつま芋やジャガイモを掘り出すときには、充実感を味わった。さつま芋は、おかずではなく主食になる。またさつま芋の葉は、味噌汁の具やおひたしになった。当時のサツマイモ（農林一号という品種）やカボチャはぐちゃぐちゃしていて、とてもまずかった。最近のカボチャやサツマイモは、ほくほくしておいしい。しかし私の友人の中には、「子供時代に一生分食べたので、ノーサンキュー」と言う人がいる。

梅ちゃん一家の食卓を見るたびに、中期高齢老人はテレビに向かって、「おれたちは、そんなに立派なものは食っていなかったゾ」と声を上げた。

戦後間もないころの国家公務員には、給料の〝遅配〟という恐ろしいものがあった。バスを待っていても、交通渋滞のせいでなかなか来ないことがある。イライラを募らせているところに、二台続けてやってくる。これが遅配である。

遅配になると、その日暮らしの公務員は、ヤミ米はもちろん配給米も買うことが出来ない。米櫃が空になると、父は大きなリュックを背負って、安倍川の向う側にある農家に買い出しに出かける。静岡はお茶とミカンが有名だが、川向うには少ないながら、米農家もあった。

行きの荷物は母の着物、帰りの荷物は闇米とイノシシ肉である。事のからくりを知らない少年は、久しぶりの白米ごはんと〝イノシシ・スキヤキ〟に興奮した。

遅配の場合は、待っていればそのうち来るからまだいい。ところが敗戦直後には、いつまで待っても来ないことがあったという。バスで言えば、間引き運転に相当するのが、恐怖の〝欠配〟である。国家財政が破綻したのだから我慢せよということだが、全く蓄えがない国家公務員の暮らしは、文字通り〝赤貧洗うが如し〟だった。

戦後間もないころに封切られた、ジョージ・スティーブンス監督の『ママの思い出』というアメリカ映画には、アイリーン・ダンという名女優が演じるママが、大工さんの夫が持ち帰った給料を前に、「今週も貯金を下ろさずに済みそうだわ」と呟いて、子供たちを安心させるシーンがあった(実際には、貯金はゼロだった)。

しかし、いかにやりくり上手なアイリーン・ママでも、昭和二一年の公務員暮らしでは、手の打ちようがなかっただろう。

2　ハングリ小学生

進駐軍のお恵み

小学校に入ってからは、給食のおかげで、昼ごはんの心配はなくなった。給食のメニューは、ぱさぱさのコッペパン一つと、マーガリンもしくは少量のジャム。そして（悪名高い）脱脂粉乳。

おかずは、少しばかり肉が入っているカレー（もしくはシチュー）、お芋の煮転がし、イカやサバの煮つけ、そして（静岡大空襲のあと、駿河湾に流れ出した人間の焼死体を食べたという）シイラの煮つけ、〝背中に毛が生えている〟正体不明の魚フライなど。

年に一度の給食記念日には、ふわふわのコッペパンとバター、そしてチョコレートが出た。薄くて粉っぽい国産の板チョコではなく、ハーシーの台形チョコが。その日は生徒全員が担任の先生とともに、「進駐軍のみなさん、おいしい給食をありがとうございます」と唱和した。

最近になって、〝脱脂粉乳はアメリカ本国では豚の餌だった〟だとか、〝アメリカ政府は食料をタダでくれるふりをして、実は日本政府にカネを払わせていた〟という事実が明らかになった。しかし、さようなこととは知らない少年は、食料を恵んで下さるマッカーサー元帥とアメリカに心から感謝していた。その後三五年に及ぶアメリカ・コンプレックスが生まれたのはこの時である。

いつも腹が減っている少年は、出てくるものは何でも残さずに食べた。しかし、家でまともな食事を摂っている大商人や工場主の子弟は、ぱさぱさのコッペパンや脱脂粉乳を、ぼろくそにけなしていた。

静岡市で最も大きな洋品店「野沢屋」の跡取り息子の家に遊びに行った私は、床下に大量の闇米、桃やパイナップルの缶詰、チョコレート、ビスケットなどのストックがあるのを見て、肝をつぶした。食糧難の時代でも、あるところにはあったのだ。

生徒たちは毎月決まった日に、給食費が入った袋を学校に持参することになっていた。それを受取った先生は、中身を確認したうえで、袋にはんこを押して生徒に戻す。ところが私の母は、催促しても指定日にお金を渡してくれなかった。クラスの中で二人だけ給食費を持参しない生徒に、担任の先生は怖い顔で詰問した。

「給食費を持って来ないと、吉田のように給食が食べられなくなるぞ」

「少し待ってください。父があとで持ってくると言っていました」

父は数日後に、大学からの帰り道に職員室に立ち寄って、給食費を払った。一回だけならともかく、次の月も、そのまた次の月も同じことが繰り返された。先生は思っただろう。〝こいつのおやじは、息子にお金に渡すと、買い食いすると思っているのではないか〟と。少年の面目は丸潰れである。

たしかに私は悪ガキだった。しかし、命綱である給食が食べられなくなるようなアホなことは、〝絶対に〟やらない。

ことの真相はこうである。集金日が月給日直前にあたっていたため、わが家には、今で言えば二〇〇〇円程度のお金を払う余裕がなかったのである。集金日が巡ってくるたびに、少年はおカネを渡してくれない母を恨んだ。

恨んでいたのは、それだけではない。母は一度たりとも、授業参観や父母面談に来てくれなかった。たまに父が参観にやってくると、ヒソヒソ声が漏れた（男親は一人だけだった）。だから担任の先生や同級生たちは、私を〝母なき子〟だと思っていたようだ。

では母は病気だったのでしょうか。それとも勤めに出ていたのでしょうか。いいえ。どちらでもありません。母は授業参観や父母面談をパスして、左翼グループが主宰する〝『資本論』勉強会〟に出ていたのです。

息子よりマルクスの方が大事な母は、息子がジフテリアに罹って三九度の熱を出した時も、マルクス先生を優先させた。後年、〝マルクス思想を信奉する母親を持つ少年は、非行に走りやすい〟という右派論客の文章を読んだ私は、妙に納得したのでした。

いつも腹が減っている少年は、お腹を満たす作戦を考えた。学校の帰りに、裕福な家に遊びに行くことである。

同じクラスには、昭和天皇が宿泊したことがある老舗旅館「水口屋」、静岡一の下駄問屋「蒔田商会」、高級洋品店「野沢屋」などの跡取り息子や、大材木商「片川商店」、静岡県一の商社「鈴与」、ＳＳＫブランドで全国に知られる「清水食品」の社長令嬢など、お金持ちの子供が大勢いた。

これらの家に遊びに行くと、〝開校以来の秀才〟を兄に持つ私は大歓迎され、豪華なおやつをご馳走になった。「水口屋」では明治の板チョコが、「蒔田商会」ではパイナップルの缶詰が、「野沢屋」では青葉パンのアンパンが、「菊池薬局」ではチューブ入りの練りミルクが。

そして極めつきは、「清水食品」のツナ缶と桃の缶詰。ミカンのシロップ漬けをご馳走になったあと、お土産にもらった桃の缶詰、マグロの油漬け缶詰を家に持ち帰ると、母は「いつ以来かしら」と呟きながら戸棚にしまった。

なにも資産がない公務員の倅は、五〇人の同級生の中で、下から三本の指に入る貧民生活である。衆目の一致するところ、最下位は貧しい農家の継娘・吉田圭子ちゃん。給食費を持ってこない圭子ちゃんは、給食の時間にはいつも校庭で遊んでいた。仲間たちの噂では、夜は納屋で寝かされているとやら（学校に来るのだから、朝夕のごはんは食べていたのだろう）。

二番目は、五人の子供がいる小学校教師の娘・浅野浩子さん。八つ違いの弟と同じ年齢の〝しい坊〟が時々遊びに来ていたが、油揚げを見たしい坊曰く、「ア。牛肉だ」と。しい坊の家では、油揚げを牛肉と呼んでいたのだ。〝子供の口に戸は立てられない〟。

私たち一家が掘立小屋生活から脱け出して、2Kの県営アパートに移った昭和二六年に、下村教授は銀行からお金を借りて、家を新築している。あれだけ立派な家を建てるには、かなりのお金が必要だったはずだ。

奥さんの実家が資産家だったのか。それとも医学部教授は、（母が言っていたとおり）患者から袖の下を受け取っていたのか。番組の後半になって、下村教授は資産家の養子だったことが明らかになるのだが、養子にしては、島田歌穂さんが演じる奥さんに対する態度がデカすぎるのではなかろうか。

なお私の父が、銀行から借金して建売住宅を購入したのは、下村教授に遅れること一四年後の昭和四〇年である。

もう一つ解せないのは、戦後のどさくさとは言うものの、中学・高校時代にまったく勉強しなかった梅ちゃんが、わずか数カ月のにわか勉強で、下村教授が勤める帝都大学の医学部に合格したことである。

梅ちゃんは、類まれな頭脳と強運の持ち主だったのか。それとも入試委員が、下村教授の令嬢に特別な配慮を行ったのか（受験ジャーナリズムという厄介なものが存在しなかった時代だから、これは大いにありうる話である）。

ニコニコ弁当

「静岡大学教育学部付属小学校」は、静岡市の中心に位置する「駿府城」の隣にあった。電車に乗れば二〇分もせずに学校に着くが、私は二キロ以上の道を歩いて通った。月星印のズック靴は、夏休みが来る前に底に穴があいた。

「お父さんは、片道五キロの山道を歩いて通っていましたよ」と言われれば、平地二キロ程度で文句を言うわけにはいかない。山形高校時代に、蔵王登山競争でトップを争った健脚の父は、このころは一〇円のバス代を倹約するために、四キロ先の大学に徒歩で通っていた。

同級生の大半は、学校から三〇分以内のところに住んでいた。ところが一人だけ、遠方から二時間近くかけて通ってくる少年がいた。東海道線の静岡駅から四つ東京寄りの、由比駅と蒲原駅の中間に住んでいる漁師の倅・平山信介である。

平山少年は、父親の早朝漁を手伝ったあと一旦家に戻り、二キロの道のりを駅に向かう。家で朝ご飯を食べていると、汽車の時間に間に合わなくなるので、学校に着いてから朝礼の前に〝第一弁当〟を食べる。

体重六五キロの漁師の倅にとって、コッペパン一個の給食ではカロリーが不足する。学校が終わるのは四時半だから、七時近くならないと家に帰りつかない。そこで、午後の休み時間に〝第二弁当〟を食べる。

弁当の持ち込みは禁止されているのに、みんなの前で堂々と食べる。しかもその中身は、白米の主弁当のほかに、魚介類が詰まった副弁当の二段構えである。親が漁師だから、魚はいくらでもある。お米は魚とバーターで、近所の農家に分けて貰っているという。

このようなことをやれば、父母会で問題になる。子供たちから、給食のまずさを聞かされている裕福な親たちは、もっとましなものを食べさせたいと考える。平山少年の弁当持ち込みを認めれば、ほかの生徒の持ち込みも黙認するしかない。みんなが弁当を持ってくれば、給食制度は破綻する。というわけで、担任の先生は弁当の持ち込みを禁止した。

これに憤慨した漁師が、職員室に怒鳴りこんだ。身長一六五センチ、体重六五キロという堂々たる体格を持つ小学三年生の父親は、身長一八五センチ、体重一〇〇キロの偉丈夫である。

職員会議は紛糾し、裁定は市の教育委員会に持ち込まれた。すったもんだの末、特例として持ち込みが認められたが、この時もし教育委員会がノーと言っていれば、剣道八段の鹿屋体育大学教授は生まれなかっただろう。

使い勝手がいい次男

お姫様育ちの母は、買いものが大嫌いだった。アパートの四階にある家から一階に下りる途中で、管理人と顔を合わせるのが嫌だったから、そして〝下賤の民〟である商人と言葉を交わしたくなかったからである。このため私は、たびたび買いものに行かされた。

家から四～五分のところにある、駒形四丁目商店街の肉屋、魚屋、八百屋、乾物屋、パン屋、雑貨屋などで、お買いもの上手な私の名前は知れ渡っていた。

アジの開きやホウレンソウを頼まれた時には、二軒ある乾物屋と八百屋を廻って、安い方で買って、きちんと領収書を貰った（このころの私は、お釣りをちょろまかすようなことはやらなかった）。

一方の兄は、決して買いものを頼まれなかった。その理由について母は、「お兄ちゃんにお肉を頼むと、売っていなかったと言って、手ぶらで帰ってくるのよ。どうやらお魚屋さんに行ったらしいの。お魚屋さんで肉を売っているはずはないわよね。その点お前は何でもきちんと買ってくるから、助かるわ」と。

こう書くと、兄は阿呆だと思われるかもしれないが、それは違う。兄は八〇年の歴史を持つ、静岡大学付属小学校で、開校以来の秀才と呼ばれていた。では頭がいい兄は、なぜ魚屋に肉を買いに行ったのか。

考えられることは二つである。一つは、今後買いものを頼まれないように、わざと魚屋に行ったということ。もう一つは、使い勝手がいい次男に買いものを頼むため、母が考えた作り話だということ（いずれにせよ、母も兄も弟よりずっと頭がいいことは確かだ）。

母は買い物上手な次男を、隣に住む内科医の奥さんに自慢した。「うちの息子は買い物が上手だから、おたくの分も買って来させますので、何かあれば言ってくださいね」と。この結果次男はしばしば、ネギ一本だとか卵一個といった買い物を頼まれた。

卵一個はともかく、ネギは二～三本一束で売られているから、一本だと買いにくい。それでも私は、八百屋さんにお願いして、一本だけ売ってもらい、別々の領収書を貰った（商店街で有名になったのは、このためである。なおこの時習得した買い物技術は、後年自分が買いものをするようになってから、大いに役に立った）。

母は買いもののお駄賃をくれなかったが、となりのおばさんは、お礼に蜂の子や茹でたザリガニをくれた。蜂の子は、学校の便壺の中でうごめくウジ虫に似ているので、手を出さなかった。一方のザリガニは、こりこりしていておいしかった。

また時折、買い物少年をお風呂に呼んでくれた。私の家にはお風呂がなかったので、アパートの地下室にある共同風呂を使っていた。一番湯と二番湯の時は入ったが、三番湯以降（一〇人以上が入ったあと）の時はパスした。お隣は夫婦と赤ちゃん一人だけだから、私は三人目だった。

時折母は、私に一〇円玉を二つ渡して、（小児喘息を患う）三歳の弟をお菓子屋に連れて行くよう頼んだ（命令した）。弟のお気に入りは甘納豆である。ただし一〇円で買えるのは、一〇粒程度に過ぎない。

一方の私は、何を買うか悩みに悩んだ。一〇円で買えるものとしては、飴玉なら六個、大福饅頭（小）一個。コッペパン一つ、もしくは半分に真っ赤なイモジャムを塗ったもの。弟から三円ピンハネすれば、ジャムを塗ったコッペパン一個が食べられる。しかし弟思いの兄は、そのようなことは一度もやらなかった。

母なき子

母親がいないと思われていた少年は、六年生になると、本当の〝母なき子〟になった。開校以来の秀才である兄を、東京の名門中学に通わせるため、母が長男と三男を連れて上京してしまったからである。よくできる長男と可愛い三男のことしか念頭にない孟母は、出来が悪くて可愛くない次男が何を考えるか、全く考えようとしなかった。

（家事をやったことがない）夫に、一人暮らしをさせるのは心配なので、使い勝手のいい次男をお手伝いさん代わりに残して行ったのかもしれない。

捨て子された次男は、一年近く2Kの県営アパートで、父と二人で暮らした。経済状態は少しずつ良くなっていたが、静岡と東京に二つの家を借りたせいで、またまた生活は苦しくなった。

朝ごはんは父が作ってくれた。電気釜がない時代なので、鍋で炊いたごはんと、みそ汁、海苔、納豆、漬物など。買いものと夕食は、先に帰る息子の仕事である。ごはんは朝の残り物、おかずはさんまやアジの開き、ジャガイモと玉ねぎの煮もの、つくだ煮。そして豆腐、油揚げ、大根などの味噌汁の組み合わせである。サービス精神にあふれた少年は、一生懸命食事作りに励んだ。

親子どんぶりを作った時、父は「こんなにうまいものは久しぶりだ。お前には料理の才能がある」と褒めてくれた。ごはんは蒸かし鍋で温め直したお冷やだし、(後年お世話になる)「桃屋のつゆ」や、ミツカンの「追いがつおのつゆ」のようなものは手に入らなかった時代だから、おいしいはずがない代物だが、母が作ったものよりはましだったのかもしれない。

父は月給が出ると、息子を近所のソバ屋に連れて行ってくれた。注文するのは、いつもかけそば一杯である。「おれは家に帰ってから、今朝茹でた麦を食べるかから、お前が全部食べろ」という言葉を真に受け、〝おやじはソバより茹でた麦の方が好きなんだ〟と思った少年は、一人で全部食べておつゆも残さず飲みほした。

父の死後、『一杯のかけそば』という小説がベストセラーになった時、あの時父が何を思っていたかを考え、父と同じ年ごろになった私は、胸を締め付けられた。

月に一回父が上京するたびに、一人アパートに取り残された小学六年生は、朝は〝卵かけごはん定食〟を食べた。その内容は、どんぶり飯、生卵一個、味噌汁、つくだ煮少々である。白身だけでなく、黄身も入っている卵かけごはんは、とてもおいしかった。

大福饅頭（小）が一〇円で買えた時代に、一個一二円もする卵は大変貴重な食べ物だった。そこで、〝丸ごと卵かけどんぶり〟を食べた日の夕方は、安上がりな〝まぐろのフレーク缶詰（半分）、佃煮、漬物定食〟で我慢した。

今でも〝卵かけごはん〟専門店に行けば、似たようなものが三〇〇円程度で食べられるようだが、自分で作れば五～六〇円で済むものに、三〇〇円も払う人が大勢いるのは信じられない話である。

一人で夜を過ごすと、原子爆弾が落ちてきたり、宇宙の迷子になったりする夢を見る。恐怖に耐えかねて、夜遅く友人の家に転がり込んだこともあった。まともな朝ご飯をごちそうになりながら、母なき子は自分を置き去りにした母を恨んだ。

一年間の捨て子生活で、私は母に対する信頼と愛情を失った。辛い毎日に耐えることができたのは、学校に行けば、ルノワールの「イレーヌ・カーンダンベール嬢の肖像」に描かれた、長い髪のお姫様に会うことができたからである。一年間の捨て子生活を送った少年は、小学校を卒業するころには、〝イレーヌがいてくれれば、母はいなくても構わない〟と思うようになっていた。

高校生になってから知ったことだが、イレーヌの家では、広い庭から四季折々の作物が採れたので、空腹だったという記憶はないそうだ。

また米どころ新潟出身の友人は、「小学生時代に空腹だったという記憶はない。それより第三次世界大戦の方が心配だった」と言っていた。朝鮮戦争が勃発した昭和二五年には、東西冷戦がピークを迎えていたから、第三次世界大戦が現実味を帯びていたのだ。

そのようなこととはつゆ知らず、食べ物のことばかり考えていた私と、新潟出身の友人のどちらがより不幸だったのだろうか。

3 衣食足りた中・高時代

ブルジョア中学校

昭和二八年（一九五三年）に上京した私は、「東京学芸大学付属世田谷中学校」というブルジョア中学校に通うことになった。

三年前に始まった朝鮮戦争のおかげで、日本経済は成長軌道に乗り始めていた。しかし、公務員は依然として安月給暮らしで、私たち一家は六畳と四畳半の間借り生活だった。台所、ふろ場、トイレは、高齢の大家さん夫婦と、もう一組の間借り会社員一家と共用である。

東京と静岡の二重生活のお蔭で金欠の父は、息子の入学金一万円を知り合いに借りに行ったし、母は制服の背広を手作りした。独占利益をむさぼる、学校指定の「高野洋服店」のおやじは、不格好な背広もどきを着ている少年を見て、にやにや笑った。

家計に多少のゆとりができたのは、父が中・高生を相手に、数学教室を始めた昭和三〇年以降である。このころ学校で流行していたのが、〝早弁〟である。スリルを味わうために、教師の目を盗んで授業中に弁当を食べるやつである。普通であれば、見つかってもお説教を受けるだけで済む。ところが教師の機嫌が悪いと、ひどい目にあうこともある。

例えば常習犯の河野某は、二度目に見つかった時に黒板拭きで横っ面を殴られ、鼓膜が破裂してしまった。今ならアカハラで新聞沙汰になるところだが、昭和二九年には問題にならなかった。

〝鼓膜破裂〟という言葉を聞いて震え上がった少年たちは、〝早弁ごときで一生耳が聞こえなくなるのは御免だ〟と考え、弁当は休み時間に食べた。私は七六歳になる今日この日まで、河野某の左耳は、あれ以来ずっと聞こえなくなったと思いこんでいた。しかし、インターネットで調べたところによると、鼓膜は皮膚のようなものなので、破裂しても再生するのだそうだ（よかったね、河野君）。

五〇人の同級生の中に、乳がんで母親を亡くした少年がいた。本来であれば同情すべきところだが、母が作ったねばねばした弁当を食べる少年は、菓子パン三個とヨーグルトを食べる母亡き少年を、羨ましく思っていた。

中学二年になってから母は、毎月のお小遣いに、牛乳代として一〇〇円を加算してくれた。一本一五円だから、月に七本しか飲めない。ではいつ飲むか。上旬、中旬、下旬にそれぞれ二本を割り当て、残りの一本は月末に回すか。上旬は我慢して中旬に三本、下旬に四本飲むかなどなど、多くの組み合わせの中から、ベストなものを選ぶのは、とても難しい問題だった。

後に私は、〝この時の経験を生かして〟、多くの組み合わせの中から、ベストなものを選び出す「最適化理論」の専門家になった。

〝住むところとお金さえあれば、母はいなくてもいい〟と考えていた小学六年生は、中学に入ると、〝お金と家があって友達がいれば、母はいないほうがいい〟と考えるようになった。あれこれ口うるさく干渉する母が、友人関係の障害になったからである。

共産党員だった長兄の感化を受けた母は、出来が悪い次男に向かって、「『資本論』を読めば、お前も少しはまともになるだろう」、「資本家は労働者を搾取する悪い輩だ」、「富や権力を欲しがるのは卑しいことだ」、「人間は清く〝貧しく〟美しく生きるべきだ」という言葉を繰り返した（本来は、〝正しく〟のはずだが、母は〝貧しく〟と言っていた）。

少しはまともになろうと思った少年は、本棚の中にあった『資本論』のページをめくってみたが、中学一年生に分かるはずがない。ところが、資本家と権力者が大嫌いな母親の息子が入った中学校は、資本家と権力者の子弟の巣窟だった。

付属小学校からの持ちあがり組の中には、大物保守政治家、売れっ子ジャーナリスト、大企業の重役、世田谷一の大地主、東京一の自動車教習所のオーナーなど、資本家や権力者の令息や令嬢がぞろぞろいた。

既に書いたとおり、小学校時代の友人の中にも、お金持ちの子弟は何人もいた。しかし、東京の〝権力者・資本家階級〟は、田舎の金持ちとはレベルが違った。かくして駅弁大学教授の倅は、ここでも最下層グループに属することになったのである。

母の言葉とは違って、権力者・資本家階級の子弟の中には素敵な人がいた。その一人である江藤健一少年と親しく付き合うようになったのは、中学二年生になってからである。

『英文毎日』の主筆（論説主幹）を父親に持つ江藤の家は、東京エリート少年たちのたまり場になっていた。バイオリンを弾きフルートを吹き、作曲まで手掛ける森田。落語、卓球、ウクレレの名手で、客船やチェロなどを手造りする、多芸な広川。トランペットを吹き、ナット・キング・コールやサッチモの声帯模写が得意な泉。プロ級の油絵を描く安藤。〝かこきけく語〟なる人工言語を創作して、辞書まで作った上野など。

アメリカで生まれた江藤は、日米両方の国籍を持ち、二〇歳になった時にどちらか一方を選ぶということだった。小学生時代に二次方程式をマスターし、中学に入ってからは微分積分学の教科書や、(ノーベル賞を受賞した) ライナス・ポーリングの『一般化学』などを愛読するすごい奴である。しかも、背が高くて足が速く相撲も強い。

江藤の家には、アメリカ文明が溢れていた。クライスラーのダッジ、RCAのテレビ、GEの大型冷蔵庫、アメリカ製のLPプレーヤーと何十枚もの輸入LPレコード、血統書つきのエアデール、これまた血統書つきのペルシャ猫。しばしばおやつに出てくる、桃の缶詰、アーモンド・ロカ、ハーシーのチョコレートなどは、アメリカ直送である。

昭和二〇年代にこのようなものが手に入ったのは、英語が堪能な江藤少年の母親が、アメリカ大使館に勤めていたからである。

私は才能豊かな友人たちに会うため、またアメリカ文化とアメリカ食品を吸収するため、江藤の家に日参した。

貧乏公務員の倅は、江藤の家と自分の家の資産格差に圧倒された。二間と台所の二軒長屋に住む私は、兄と相部屋生活だった。一方江藤の家は、総二階建ての大きな家で、江藤は個室を持っていた。私の家には、テレビもなければ冷蔵庫もない。あるのは、〝壊れかけのレイディオ〟だけである。

資産格差だけではない。教養にも大きな格差があった。江藤少年は小学生時代から、祖母に連れられて大相撲や歌舞伎を見に行っていた。素人の私は、カッコいい若乃花。違いが分かる江藤は、技能派の栃錦。歌舞伎のテレビ中継に至っては、ちんぷんかんぷんの私に対して、江藤は尾上松緑に「音羽屋！」と声をかけていた。

私の家と江藤家の間には、巨大な資産・教養格差があった。この格差は、六〇年後の今なお縮まっていないが、それ以上に大きな違いは、〝食べ物格差〟だった。

松阪牛のすき焼き

大学受験を控えている長男の都合に合わせて、私の家では六時前に晩ごはんが出る。この時間までに帰らないと、母は不機嫌になる。

「学校が終わったら、すぐに帰って来なさい。お兄ちゃんを見なさい。早く帰って、ちゃんと勉強しているでしょう。遊んでばかりいると、ロクなものにならないよ！」

だから、晩ご飯には遅れたくなかったが、もう一〇分くらいなら大丈夫かと思っていたところに、江藤の両親がクライスラーで帰ってきた。

父親は、ロンドン、ロサンゼルス特派員時代に、数々のスクープをものにして、〝毎日に江藤あり〟

と称えられた伝説の記者で、将来は社長の有力候補と噂されていた。

「君は数学と英語が良くできるそうだね」

「それほどでもありません」

「しっかり勉強して、日本のために頑張ってくれたまえ」

「はい、頑張ります」

「せっかくの機会だから、晩飯を食べていかないか」

論説主幹のこの言葉を真に受けた少年は、すき焼きをご馳走になった。山のように皿に盛られた霜降り牛肉、なまシイタケ、タケノコ、太いネギ、しらたきなどに混じって、初めて見る薄いぶよぶよの物体（湯葉）があった。またボウルの中には、沢山の卵が入っていた。江藤家では、肉や野菜を卵に浸して食べるのである。

一方私の家のスキヤキは、（なかなか噛み切れない固い）牛肉、しらたき、白菜だけだった。牛肉は量が少ないので、兄弟喧嘩が起こらないように、母が分配した（もちろん卵はなかった）。江藤家のすき焼きは、私が食べていたすき焼きとは全く別物だった。

「お肉はまだまだありますから、たくさん食べてくださいね」と母親。

「これはいい肉だな」と父親。

「榎本さんから頂いた松阪牛よ。おネギは（お手伝いの）ツギさんの実家から送って頂いた、しもにた（下仁田）のおネギ」

〝松阪牛って、松坂屋で売っている牛肉のことか？　しもにたって、どういう字を書くんだ？〟

榎本というのは、毎日オリオンズの榎本喜八選手のことである。『英文毎日』の主筆は、毎日新聞ＯＢの政治家や文筆家、オリオンズの別当監督や山内和弘、榎本喜八などの主力選手を、しばしば自宅に招いていたのだ。時折は、アメリカ政府の要人も来ていたらしい。

柔らかい霜降り肉と、ネギ、シイタケ、しらたき、白菜などを卵に浸して食べるすき焼きは、（テレビ・レポーターの言葉で言えば）絶品だった。

「卵が無くなったら、もう一つ割ってくださいね」

〝えッ！　一度に二つ食べてもいいのか！〟。

「どんどん食えよ」と江藤。

「もうずいぶん食べたよ」

実はこの日の午後、私は学校からの帰り道に、江藤少年とともに、自由が丘の「藪伊豆本店」でそばを食べた。週に二～三回、この店でそばを食べるのが習慣になっていたが、この日は体育の時間にしこたま走らされて腹が減っていたので、二人ともキツネそばのあとに、もりそばを食べた。というわけで、あまり腹は減っていなかったのだが、私はすき焼きを目いっぱい食べた。

七時半ころ家に帰ると、母はいつも以上に機嫌が悪かった。

「また江藤さんの家に行っていたんだね。まさか、晩ご飯をご馳走になったんじゃないでしょうね。乞食のようなことをしたら、許しませんからね！」

「ご飯なんか食べてないよ。将棋が長引いて帰れなかったんだよ」

「本当かねぇ」

「本当だってばさ」

「それならさっさと食べて、勉強しなさい」

食べなければ、食べてきたことがばれてしまう。というわけで私は、そばとすき焼きで膨れ上がった胃袋に、アジの開きとみそ汁とともに、冷えたネトネトごはんを流し込んだ。

いくら叱られても、少年は足しげく江藤の家に通った。なぜなら、私の家の山形・静岡文化・ネトネトごはんより、江藤家の東京・アメリカ文化・デリシャス・フードの方が、またマルクス主義より資本主義の方が好きだったからである。

〝母は、資本家は庶民を搾取する悪い輩だと言う。しかし、仮に江藤の父親が資本家の手先だとしても、それが何だ。あんなに素敵な人は、これまで見たことがない〟。足が長く総白髪の論説主幹は、まことにカッコいい人だった（のちに副社長を経て、パ・リーグ会長、NHK経営委員長などを歴任した）。

母はまた「清く貧しく美しく生きよ」と言うが、貧しくては清く生きられない。その証拠に、私は薄汚い服を着せられていた。〝もしマルクスがそんなことを言ったなら、マルクス主義など糞食らえだ。第一、資本家の手先は広い家に住み、おいしい物を食べ、明るい表情をしている〟。この時私は、日本社会の構造を〝うっすら〟理解したのである。

この後も、江藤家で何回も晩飯をご馳走になった。厚いとんかつ、豪華なてんぷら、そしてまたあの素晴らしいすき焼き。ある日、肉屋の棚の奥にある松阪牛の値段を見て驚いた。〝うちのすき焼きに入っている肉の、二倍以上だ〟。

〝一宿一飯の恩義〟という言葉があるが、私は江藤に、〝十飯・四十ソバ〟の恩義を感じていた。「金がないので、今日はソバ屋に行けない」と言うと、江藤はいつも「いいから俺に任せておけ」と言って、私の分も払ってくれた。

中・高時代の江藤は、そばに徹底したこだわりを持っていた。自由が丘の「藪伊豆本店」、赤坂の「砂場」など、あちこちになじみの店を持っていた。そしてこのこだわりは、歳を重ねても変わらなかった。古希を過ぎた今も、二人の会食場所は本郷の「蕎麦ところ　田奈部」か、両国の「業平屋」と決まっている。

母の手料理

息子が足しげく江藤の家に通っているころ、母は近所にオープンした「魚菜学園」という料理学校に通っていた。しかし、料理の腕は一向に改善されなかった。母は「私の料理は、いい材料を使っているからおいしいはずです」と言っていたが、こういう人は工夫しないのでうまくならない。

買い物が嫌いな母は、御用聞きが勧める肉や魚を言い値で買った。勧めるものを何でも買う客に、御用聞きは高級品を勧める。しかし、材料が良いだけでは、おいしいものができるとは限らない。

一番の問題は、ごはんがネットリしていることである。電気釜がない時代だから、ごはんの出来具合は日によって違う。山形出身の母は、実家のカルチャーを受け継いで、軟らかいご飯が好きだった。ところがしばしば、(水の量を間違ったせいか)軟らかいを通り越して、ペースト状のごはんが出た。同郷出身の父は文句を言わなかったが、息子たちは常々何とかならないものかと思っていた。しかし、これを口にするのはタブーだった。

「魚菜学園」の家庭料理コースに通う母が、クラゲの酢の物、スコッチ・エッグ、鮭のマリネといったファンシー料理を持ち帰った際に、三つ年上の兄が、「どうせ家では、こんなものは作らないんだから、まずはごはんの炊き方を教わるべきじゃないか」と言ったのに対して、弟が「そうだ、そうだ」と尻馬に乗った時の怒髪天を衝く怒りが、トラウマになっていたからである。

「私のごはんについて、お前たちにあれこれ言う資格がありますか! 私はね、本当は医者になりたかったのに、二〇年間家事、育児、内職ばかりして来たんですよ。私の料理にケチをつけるなら、これからは自分で作りなさい! 働かざる者食うべからず。ドンドンドン(机を叩く音)」

母を怒らせないように、息子たちは出てくるものを何でも黙って食べた。だから七六歳になった今も、ナマコと蜂の子以外に食べられない物はない(ずっと嫌いだったナスも、独居寡夫になってから食べられるようになった)。好き嫌いなく、何でもよく食べる夫を持った妻は、夫をそうしつけた義母について「おかあ様には感謝しているわ」と言っていた。

ちなみにアメリカでは、〝良い夫の条件は、一がストマック(胃袋)、二がストマック、三、四がなくて五がストマックだ〟と言われていた。

このように書くと、母の料理は何もかもまずかったと思われるかもしれないが、そうではない。醤油につけて煮た豚肉の塊、ぶりの照り焼き、肉がごろごろ入ったカレーやシチュー、そして野菜と豚肉がどっさり入った焼きそばなどは、とてもおいしかった（ただしこれらは、材料さえそろえば私が作ってもおいしく仕上がる）。

4　弁当と学食

二人の迷子

高校時代にまじめに勉強した甲斐あって、東京大学理科一類に現役で合格した私は、週に二～三回、高校時代の同期生である本橋英夫と昼飯を食べた。大学に入るまでは、あまり付き合いがなかった二人だが、毎週何回か同じ教室で講義を受けている間に、親しくなったのである。

理科一類には、日本を代表する科学者やエンジニアを目指す学生が集まっていた。ところがそのような人に混じって、どうしてこんなところに来たのだろう、と思わせる男が点在していた。

歴史が好きで、トーマス・マンを愛読し、『誰よりも君を愛す』の松尾和子を誰よりも愛する本橋は、理科一類より文学部対応の文科二類の方が向いていたような気がする。英語が好きで作文が得意な私も、文系に進んだ方が良かったかもしれない。

しかし、母が常々「法学部は権力者の手先。経済学部は資本家の手先。文学部は非国民の集まり。理学部以外は大学じゃありません」と言っていたので、文系に進むわけにはいかなかった。

自分が住むべき場所はほかにある、ということに気付いた青年たちの中には、思い切って経済学部や文学部にトラバーユする人もいた（これらの人の中には、後年経済学者や社会学者として一家を成した人も多い)。

数学が嫌いではなかったために、理科一類に迷い込んだ二人の青年は、高校時代とはレベルが異なる数学や物理の授業で落ちこぼれた。理科一類に入った学生で、高校時代に数学や物理が嫌いだった人はまずいない。しかし、嫌いではないという程度では、〝数学(物理学)者の数学(物理学)者による、数学(物理学)者のための数学(物理学)〟にはついていけないのである。

高校時代にかじった「微分積分学」はともかく、「線形代数学」を担当した若手の助教授は、素質がない学生が数学科に紛れ込まないように、意図的に難しい講義をやった。そのような講義に楽々とついていく学生が数学科に進み、その中の最も優秀な人が数学科教授になる。したがって彼らには、なぜ学生が「数学が分からない」と言うのか分からない。こういう人が、意図的に難解な講義をやるのだから、難解も難解、超難解である。

しかし、難解な講義のおかげで救われた人も多い。私の知り合いの中には、東京教育大学の数学科に現役入学したものの、数学科の抽象的講義についていけず、四年間を途方に暮れて過ごした人がいる。数学のお化けのような教師に出会ったために、お化け屋敷に迷い込まずに済んだ私は、幸運だったというべきだろう。

高校時代の仲間の中には、受験時代並みに勉強している奴がいることを知りながら、やる気がない二人は互いに傷をなめあって過ごした。

「野田や相川は、毎晩夜中まで勉強しているという話だぜ」

「大学に入ったのに夜中まで勉強するなんて、どうかしているんじゃないか」

このようなふやけた会話を交わしながら、二人はゴキブリとネズミが住んでいる学生食堂に向かう。外食券がなくても、米の飯が食べられるようになって間もないころの学食のメニューは、二〇円のかけそば、三〇円のラーメン、四〇円のカレー、五〇円のAランチ、六〇円のBランチだけだった。

母から支給される小遣いは月々二〇〇〇円だから、六〇円のBランチには手を出せない。四〇円のカレーは、玉ねぎと黄色い液体の中に、たまに豚肉が紛れ込んでいる代物だが、量が多くて味も悪くなかった。

金持ち学生は、格調が低い学食には目もくれず、井の頭線の線路を越えて、とんかつ定食や中華ランチを食べに行く。時間に余裕がある文系学生の中には、渋谷道玄坂にある「ムルギー・カレー」まで足を延ばす人もいた。

たしかにここのカレーは、味も香りもお米も絶妙だった。しかし私は、七〇円のムルギー・カレーより、学食の六〇円Bランチ（ハンバーグ、アジフライ、キャベツの千切りプラス、マカロニサラダ、コンソメスープ&ごはん）の方が絶対にお得だと考えていた。それに理工系学生は文系学生と違って、一時ちょうどから〝出席を取る〟講義や実験が始まるので、渋谷まで食べに行く時間はなかった。

家弁

学食でカレーを食べる私に対して、本橋はマザコン弁当を食べる。混雑した食堂に弁当を持ちこむのはルール違反だが、驚くべきことに、こいつの弁当がいつも〝かつ丼〟なのである。

いつでもカレーを食べる男が、いつでもかつ丼弁当を食べる男について云々する資格はない。しかし私の弁当には、もう少しバラエティーがあった。サバの味噌煮、鳥の唐揚げ、豚肉とキャベツを炒めたものなどのローテーションで、毎日同じものということはなかった。

なんでも従順に食べる息子に、母は毎朝弁当を作ってくれた。「今日はいらないよ」と言っても、「外食より、私が作ったお弁当の方が栄養があります」と言って、無理に押し付けた。では弁当があるのに、なぜ学食でカレーを食べていたのか。それは、カバンの重量を減らすために、家を出る前に弁当を食べてしまったからである。

理工系学生のカバンは、教科書、参考書、ノート、計算尺などでパンパンだから、腹の中に納めて持ち運ぶことにしたのである。朝食を食べたあとだから、腹は減っていない。しかし若い胃袋にとって、弁当一つくらいは朝飯前（朝飯後？）である。その上、大学生にもなって、友人の前で母親の弁当を食べて、（マザコンでもないのに）マザコンだと思われるのは不本意だ。

七時前に朝食と昼飯を食べた青年は、昼になると腹が減る。家に帰るまでは持たないので、カレーでエネルギーを補給するのである。

〝かつドロン〟弁当

一方の本橋は学食で、母親の愛情が詰まったかつ丼弁当を食べていた。これは母親との関係が良好なこと、すなわちマザコンであることの証明である（マザコン人間は、マザコンであることを気にしないらしい)。

一度だけ、国分寺にある本橋の家に遊びに行ったことがあるが、この青年の母親は、私の母親と違って、「『資本論』を読みなさい」とは絶対に言いそうもない〝菩薩のような〟人だった。〝こういう母親だったら、マザコンにならない方が不思議だ〟。

半世紀後の現在に至るまで、本橋のかつ丼弁当を覚えているのは、それがとても豪華でおいしかったからである。大型の四角い弁当箱に、卵でとじたとんかつが絨毯のように敷き詰められている。とんかつが六切れ、卵はたっぷり二つ分入っているから、Bランチ以上の高価格弁当である。

「うまそうだな」

「うん、これはうまいんだ」

「毎日かつ丼で飽きないか」

「おふくろは、たまには別のものにしようか、と聞いてくれるけど、俺はこれがいいと言っているんだ。どうだ、一口食ってみるか」と言って本橋は、空になったカレー皿の上に、かつ丼の切れ端を置いた。肉の厚いとんかつが、卵にくるまれて絶妙な味を醸し出していた。ごはんもバッチリうまく炊けていた。〝こんなにおいしいものであれば、毎日食べても飽きないだろう〟。

かつ丼は天丼と甲乙つけがたい、日本最高のどんぶりめしである。ちなみに晩年の文豪・永井荷風は、近所の店で毎日昼食にかつ丼を食べたそうだ(体調が悪く、食べたものを戻してしまった時は、それを再び食べたというからタダものではない)。

「これはうまい。俺も今度おふくろに頼んでみるかな」と言ったものの、私は母に頼む気はなかった。たとえかつ丼弁当を作ってくれたとしても、それが本橋のかつ丼のようにおいしいはずがないからである。

弁当にとって最も大事なものは、〝ごはん〟である。おかずが少々(かなり)貧弱でも、歯ごたえのあるお米が入っていれば、学食に備え付けの紅ショウガや福神漬けを付け合わせにして、おいしく食べることが出来る。

ところが母のごはんは、全く歯ごたえがない。三回に一回はペーストである。だから、朝飯後に弁当を食べる時は、おかずだけ食べて、ペースト部分を古新聞に包んでゴミ箱に捨てた。ペースト飯の上に、卵でとじたとんかつが乗った弁当は、かつどんではなく、〝かつドロン〟である。

悪事はいつか必ずばれる。机の上に、おかずが蒸発した弁当箱があるのを発見した母は激怒した。八時ちょうどから始まる講義に遅れないように、慌てて家を飛び出したので、空になった弁当箱を引き出しの中に隠すのを忘れたのだ。

「ひろし!　これは何ですか!」

「――」

「せっかく作ってあげたのに、どういうことなの⁉」

「今日は荷物が多かったし、友達と一緒に昼飯を食べることになっていたので、ここで食べたんだ」

「お弁当は、大学で食べなさい！」

「はい」

「今度やったら、承知しませんからね」

「弁当を受け取った時点で、僕に所有権が移ったんだから、いつどこで食べても自由だと思うけどね」

「なんですか！　そういうことを言うなら、これからお前の弁当は一切作りません。作るも作らないも、私の自由なんですからね」

「だったら、昼飯代は出してくれるね」

「！！！」

「昼飯を食べないで、病気になったら困るでしょう」

「それはそうだけど、お前が悪いのだから半分しか出しません」

「学食のランチは六〇〇円だから、一カ月三〇日で一八〇〇〇円。その半分で九〇〇〇円。四捨五入して一〇〇〇〇円だね」

「全く口の減らない子だね」

「口は減らなくても、腹は減ります」

月一〇〇〇〇円の小遣いの半分なら悪くない条件だが、ペーストをゴミ箱に捨てていたことがばれたら、この交渉はまとまらなかっただろう。

バカヤロー弁当とコノヤロー弁当

このころクラスでは、〝バカヤロー弁当〟が話題になっていた。野本青年のおふくろさんが、大事な息子に黴菌満載の学食ランチは食べさせられないという理由で、昼になると保温袋に収めた弁当を運んでくるのである。

今なら、ほかほか弁当、オリジン弁当、ホットモット弁当など、出来立て弁当はどこでも手に入る。そのようなものがなかった時代とはいえ、母親が小田急線と井の頭線を乗り継いで、毎日駒場まで弁当を運んでくるのは尋常でない。

こんなマザコン野郎は、将来ロクなものにはならない、と思ったところが大間違い。母親が〝よいしょ〟したおかげで、若くして一流大学助教授のポストを手にした。その一方で、無菌生活を送ったせいか、二〇代の若さで、やんごとなき人だけが罹ると言われていた花粉症に悩まされることになった。

考えてみれば、私の友人で、学者として名をなした人の中には、マザコン野郎が多い。「お前は本当に頭がいい子だね。将来必ず一流の学者になるよ」と、日ごろから母親に〝よいしょ〟されて育った人は、自分の才能に自信を持っている。一方、母親からいい加減な扱いを受けた私には、自信なるものはカケラもなかった（自信がないと、一流にはなれない）。

さて、〝バカヤロー弁当〟以上にどうかしているのが、〝コノヤロー弁当〟である。イケメンの三浦某に、高校時代の同期生である才女の千田さん（のちに日本中に名をとどろかせるジャーナリストになった）が、手作り弁当を差し入れに来るというのである。こういう噂は千里を走る。

この二人は高校時代から、男女関係があるのではないかと噂された、〝すすんだカップル〟である。しかし夫婦ならともかく、浪人中の女が恋人のために弁当を運んでくるのは、息子に運んでくる母親以上に目立つ。高校時代から浮いていた色男は、コノヤロー弁当のおかげで一層浮き上がってしまった。

後日私はある信頼すべき筋から、この当時の二人が夫婦同然の関係にあった、という情報を手に入れたが、この関係は長続きしなかったようだ。大方の男性は、女性の過剰サービスを鬱陶しく思うのではなかろうか。

二学期に入って、本橋と昼飯を食べる回数が減ったのは、一学期の成績が可（D）と不可（F）のパレード——このような成績表は、学生たちの間で〝カフカ全集〟と呼ばれていた——だったことにショックを受けた私が、昼休みに図書館で、弁当を食べながら勉強するようになったからである。

図書館では、大勢の青年がマザコン弁当を食べながら、数学や物理の演習問題を解いていた。将来世界的な学者になろうと考えている青年は、（ふやけた青年と違って）受験時代並みの猛勉強に励んでいたのである。

同じ迷子組の本橋も、あまり成績は良くなかったようだが、エンジニアとしての素質もあるこの男には、進学先はいくらでもあった。定員が多い機械系、化学系の学科であれば、平均程度の成績でも受け入れて貰えたのである。

一方、カフカ学生の行き先は、定員割れの鉱山学科と土木工学科しかない。鉱山学科に入って、地面の下に潜るのはまっぴらだし、土木工学は、体力・胆力・肝臓力がなければ務まらない。図画・工作が苦手な男が、電気や機械に行ってもうまくやれるとは思えない。

真面目に勉強して、いい成績を取らないと大変なことになると考えた私は、本橋と付き合う時間を勉強に廻した。母に詫びを入れて作ってもらった弁当は、おいしくはなかったが、食べられないことはなかった。

本橋と昼飯を食べるのを避けるようになったのは、次のようなやりとりがきっかけになった。

「相変わらずかつ丼弁当だな」

「飽きちゃったので、暫く別のものを作ってもらったんだけど、おやじと違う弁当を作るのは面倒だと言われたので、かつ丼に逆戻りさ」

「そうか。おやじさんもかつ丼が好きなのか」

「おれ以上だな。どうだ。弁当を取り換えっこしようか。お前もかつ丼は好きだろう」

「うん。好きだけどちょっとね」

「なんだよ」

「うちの弁当はクセがあるから、君の口には合わないと思うな」

「見たところ普通の弁当だけど、そういうことなら仕方がないな」

気まずくなることは分かっていた。しかし、ペースト弁当を食べさせて、母の顔に泥を塗ることは避けたかったのである。

なお本橋は化学工学科に進んで、Ｃ社のエースとして大活躍したが、若くして白血病に冒された。一旦は回復したものの、再発したせいで若くして亡くなった。伝え聞くところでは、死の床でトーマス・マンの『魔の山』を読んでいたということだ。やはりこの人は、文学部の方が向いていたのではないだろうか。

5　新入社員の食べ歩き

カジキ・フライ弁当

　母との関係がうまくいっていなかった私は、大学院に入ったら家から逃げ出そうと考えていた。しかし、母は下宿代を出してくれるはずがない。そこで、四年生になるころから、家庭教師アルバイトで独立資金を稼ぐことにした。予備校が繁殖する前の時代だから、数学に強い東大生は引っ張りだこだった。

　家庭教師の報酬は、週二回（各二時間）で月額三〇〇〇〇円が相場だった。だから三軒掛け持ちすれば、大卒初任給並みのお金が手に入った（フランク永井の『１３８００円』という歌にもあるように、一九六〇年代初めの学卒初任給は、一万円プラス・アルファ程度だった）。

　二年後輩には、三年間で七〇万円を貯めたと豪語する、〝アルバイト大魔王〟がいた。週七日の家庭教師を三年間続け、すべてを貯金したとしても、七〇万円には届かない。家庭教師より実入りがいいアルバイトとしては、引越し手伝いやピアノ運びなどの肉体労働がある。

　しかしこれをやると、筋肉が硬直して翌日大学に行けなくなる（あとで知ったことだが、アルバイト大魔王の稼ぎの大半は、工事現場で使われている〝点滅式標識〟の特許使用料と、株式投資の収益だった）。

現在の塾教師の時給が三〇〇〇円だとすれば、週六回二時間ずつやると月一五万円になる。大卒初任給には及ばないものの、半世紀前とあまり変わらないレートである。違うところは、塾講師が五〇人以上の学生を相手にしなくてはならないこと、そしてこれだけわりがいいアルバイト口が、ほとんどなくなってしまったことである。

なお最近は、少子化と不況の影響で、予備校が次々と閉鎖に追い込まれているから、塾講師の口も減っただろう。いまどきの学生が、初任給並みの給料を稼ぐためには、コンビニやファスト・フードで、毎晩六時間以上働かなくてはならないのである。

独立のための資金はある程度たまったが、下宿計画は〝若干の〟修正を余儀なくされた。大学卒業と同時に、高校時代の同期生と結婚したからである。優しくて差し出がましくない妻は、厳しくて口うるさい母の対極にいる女性だった。

妻の家は、祖母、母、姉の四人家族だった。千葉大学医学部の助教授を務めていた父親は、軍医として招集されたあと一年もしないうちに、フィリピンで命を落とした。敗戦後、静岡県庁に職を得た母親は、数年後に東京の新聞社に記者として採用され、身の上相談を担当していた。ところが、その数年後に体調を崩したため新聞社を退職し、小さな洋品店を経営しながら二人の娘を育てていた。

しかし、店の売り上げは微々たるもので、遺族年金が頼りの窮乏生活である。貧乏だけならまだしも、家の中では、祖母、母、姉がバトルを繰り広げていた。母と姉の喧嘩は、強権的な母親が、気が強い娘を支配しようとしたためである。一方、姉と祖母の確執は、祖母が妹だけに弁当を作ったのが発端である。

世の中で、食べ物の恨みほど恐ろしいものはない。ケンカの原因が自分の弁当にあることを知っている娘は、いがみ合う三人の間で小さくなって暮らしていた。

では、喧嘩のもとになった弁当とは、どのようなものか。驚くなかれ、これが毎日カジキのフライが一枚だけ入った弁当なのである。海苔、梅干し、佃煮、福神漬けなどの付け合わせは一切なしである。

祖母は、毎日洋品店の真向かいにある惣菜屋で、一枚一五円のカジキ・フライを買ってくる。カジキのフライがあるなら、イカのフライやアジのてんぷらもあるだろうに、祖母はそれらには目もくれず、（単位コストあたり最も食べ出がある）カジキのフライを選んだのである。

女子高校生は、友達と一緒に弁当を食べる生き物である。当然、相手の弁当の中身が目に入る。弁当を見れば、家の経済状態が分かる。〝友達が見ている前で、毎日毎日カジキ・フライ一枚だけの弁当を食べる少女！〟。

私はいかに母親が怖くても、「毎日同じものはやめてほしい」と頼んだだろう。しかし娘は、決してそのような要求を口に出さなかった。たとえ毎日同じものでも、お弁当を作ってくれる祖母に感謝していたと言う。

結婚後にこの話を聞いた私は、心から妻に同情した。今にしてつくづく思うのだが、妻は本当に〝要求の少ない女〟だった。

十数年後、〝マグロには１ｐｐｍを超える水銀が含まれているので、大量摂取は控えた方がいい〟

という新聞記事を読んだ私は、妻の体内にどれだけの水銀が蓄積されたかを計算してみた。一〇〇グラムのマグロを、年に二〇〇回食べたとすると、トータルで二〇キロ、二年間だと四〇キロになる。マグロに含まれる水銀が５ｐｐｍだとしても、二年で〇・二グラムに過ぎない。摂取したものがすべて蓄積されるわけではないから、心配する必要はないと一安心した（しかし、後年妻が心室頻拍という難病を発症したのは、水銀のせいかもしれない）。

一日三〇〇円の食費

強い母親のもとで、娘は小さくなって暮らしていた。大学を出たら、なるべく早く独立して、母親の支配から逃げ出したいと考えていた娘は、私と意気投合した。

「僕は大学を出たら、下宿しようと思っているんです。おふくろに、毎日あれこれ言われながら暮らすのがいやになったんです」

「あなたが家を出たら、お母さまが悲しむでしょう」

「どうでしょうか。母は工学部を職人養成機関だと見下しています。母にとっては、理学部以外は大学ではないのです。毎日バカにされて暮らすのは、もうごめんなんです」

「そうなの。実は私もなるべく早く家を出たいと思っているの」

「なんでまた」

「母が私を優遇すると言って、姉が母とけんかばかりしているの。私は、姉の方がずっと優遇されていると思っているんだけど、姉は母を独占したいのね。だから、私がいない方が二人にとって都合がいいのよ」

「そうなんですか。二人とも、なるべく早く親から独立したいと思っているわけですね。どうでしょう、部屋を借りて一緒に暮らしましょうか。別々に暮らすより、二人の方が安くつきますよ」

思いがけない言葉が口から出た。いずれは結婚したいが、早くても修士課程を出てからだと思っていた。しかし、ひとたび口から出た言葉を引っ込めるわけにはいかない。どうせ断られるだろうと思ったところ、娘の口から予想外の言葉が飛び出した。

「それって名案ね」

この言葉で私は決断した。『リゴレット』に登場するマントヴァ侯爵が言うとおり、女性なるものは、〝風の中の木の葉のように〟いつ気が変わらないとも限らない。大学を卒業して勤めに出れば、かっこいい社長御曹司に言い寄られて、乗り換えられる可能性は十分にある。〝今のうちに、法律で縛ってもらう方が賢明だ〟。

「それじゃあ、結婚して下さるんですね！」

「あなたが学生結婚したら、お母さまは怒るでしょうね」

「怒るでしょうけど、気にしないことにしましょう」

当然ながら、その後すったもんだがありました。しかし、意志強固な青年は下宿すると偽って、大学卒業と同時に家を飛び出したのでした。下宿生活ではなく、結婚生活だと知った時の、母の激怒と友人たちの驚愕についてには、機会を改めてお話しましょう。

学部時代の私は、大学院に進んで研究者になりたいと思っていた。ところが大学院に入る時には、修士課程を出たら、企業に就職しようと思っていた。博士課程に進むだけのお金も、研究者が務まるほどの才能もないことが分かったからである。

就職情報で稼ぐ、リクルートのような会社はなかった時代だから、学生は大学に送られてくる会社のパンフレットと、一回限りの合同就職説明会で話を聞くだけで就職先を決めた。中には、教授がすべての指導学生の就職先を決める学科もあった。当時の就職は、いわば一回限りの見合い結婚のようなものだった。

ひとたび就職すれば、一生そこで過ごすのが当たり前だった時代に、一発見合いで決めるのはリスキーだが、いまどきの若者のように、四〇社、五〇社とお見合いして、時間を浪費するよりましではなかろうか。

当時の工学部教授は、「会社というところは、入って見るまで実態は分からないから、どこでも同じだ」と言っていたが、これはかなりの程度あたっている。たくさんの情報を集めて、いい会社に入ったつもりでも、悪い上司にあたったらアウトなのだから。

〝どこも同じなら、なるべく待遇がいいところを選ぶのが賢明だ〟と考えた青年は、毎月一万五千円の奨学金を出してくれる富士製鉄を選んだ。当時の大学初任給は三万円に届いていなかったから、その半分以上である。

〝これだけあれば、週に二～三回家庭教師をやって数千円を稼ぎ、これに妻の給料を足せばバッチリだ〟と思ったが、そうはいかなかった。

入籍して間もなく（入籍前ではありません、念のため）、妻が妊娠してしまったのである。せっかくだから産みたいと言われれば、男たるものは認めるしかない。しかし、三カ月目に入って流産しそうな気配が見えた。妻は安全第一を期したいと言う。そう言われれば、夫としてはそうするしかない。

二人で暮らすためには、月に三万円は必要である。この結果、私は週七回の家庭教師アルバイトで都内を走り回る、〝もう一人のアルバイト魔王〟になった。

食費に廻すことができるお金は月に九〇〇〇円、一日当たり三〇〇円までである。ラーメン一杯が八〇円の時代だから、今の物価水準で言えば一五〇〇円くらいだろう。ただし、海外から安い食料が流れ込む現在と違って、食料品はずっと割高だった。

冷蔵庫がないから、買い置きはできない。そこで妻は毎日、近所のマーケットに魚を買いに行った。

「おねえさん。今日はいいさばがあるよ」

「そうね、それを二つ頂こうかしら」

サバは塩焼き、ムニエル、味噌煮、そして新鮮ならしめサバにもなる。私の弁当は、週二回はサバ、卵焼き、海苔段々弁当だった。お米は普通米でも、（二〇世紀の大発明）電気釜のおかげで、いつもうまく炊けていたので、本橋のかつ丼弁当と交換できるほどの出来だった。サバ弁当以外にも、チャーハン弁当、かつ丼弁当、特製オムスビ弁当なども作ってくれた。

また時折、おばあさんから教わった、サバのまぜずしを作ってくれた。酢飯の中に、シイタケ、蓮根、ニンジン、油揚げなどを煮たものを混ぜ、ごはんが冷えたところで、サバを酢でしめたものをほぐして混ぜるのである。

妻はいろいろな料理を作ってくれたが、すべての料理の中で最もおいしかったのは、これである。「毎日食べたい！」とリクエストしたところ、「活きが良くて、脂が乗ったサバが手に入った時でなければだめ」と断られた。

ついでに言えば、妻は「魚屋のお兄さんに勧められても、カジキだけは買わない」と言っていた。「毎日カジキ・フライでも気にならなかった」と言っていたが、本音を言えばあきあきしていたのだ。

食費は一日三〇〇円だから、安い食材しか使えないわけだが、どの料理もすべておいしかった。「いい材料を使っているから、私の料理はおいしいはずです」という母の主張は、「いい材料を使っても、おいしくない場合もある。ありきたりな材料でも、工夫次第でおいしい料理が出来る」によって否定されたのである。

夜はアルバイト先で夕食が出た。つつじヶ丘の電気屋では中華丼や天丼が、日本軽金属の重役宅では最低でも鍋焼きうどん、二回に一回は握りずし、天丼（上）などが出た。また木場の材木問屋の家では、しばしば老舗鰻屋の鰻重が出た。私は握りずしや鰻重を食べるたびに、家でサバを食べている妻に、申し訳ない気持ちになるのだった。

今でも忘れられないのは、重役宅での正月の大失態である。握りずしとおせち料理が出てきたのだが、腹が減っていた〝無常識〟青年は、（今なら三〇〇〇円以上の）重箱を丸ごと一つ食べてしまったのである。重役夫人はさぞかし驚かれたことでしょう。

すき焼きより計算機

結婚したことは、友人たちには伏せてあったから、毎日弁当を持ってくる青年を見た友人は、〝マザコン弁当〟だと思ったらしい。

〝学部時代には、おれたちと学食で昼飯を食っていた男が、なぜ毎日マザコン弁当を持ってくるのか？〟、〝自宅から通っている男が、一万五千円もの奨学金を貰っているのに、なぜ毎日アルバイトをやらなくてはならないのか？〟、〝まじめに勉強していた男が、なぜこれほど不勉強になったのか？〟。

これだけ重なれば、怪しまれない方がおかしい。

「お前、この頃おかしいぞ。何か隠しているだろう」と尋問したのは、（大学院を出たあと数年して白血病で死んでしまった）葛城青年である。

「なんでそんなことを訊くんだ」

「どう考えてもおかしいんだよ。毎日アルバイトに精を出して、どうするつもりなんだ」

「ちょっとお金が必要なんだ」

「借金でもあるのか」

「そういうことじゃないんだけど……」

「じゃあ何なんだよ。大人しく泥を吐け」

「分かったよ。実はこのあいだ結婚したんだけど、女房が体調を崩しているので、生活費を稼がなくてはならないんだ」

「なーんだ。そういうことだったのか。目出度いことなんだから、隠す必要はないだろう」

「学生結婚したなんて、言いにくかったんだよ」

「今まではお前の弁当を〝マザコン弁当〟と呼んでいたけど、今日から〝愛妻弁当〟に格上げだ。一度みんなで、愛妻弁当の作者を見に行くとするか」

「大勢で来られても、六畳一間だから入りきらないよ」

「大丈夫。この間、六人で坂本さんの新婚アパートに押しかけたけど、六畳の部屋に全員入ったぜ」

坂本さんというのは、一年上の学生結婚組で、奥さんの稼ぎで優雅な六畳一間生活をしている人である。

「三カ月したら、もう少し広いところに引っ越すことになっているから、それまで待ってくれよ」

三カ月後、幡が谷の六畳一間から、奥沢の一戸建て借家（知り合いの電気屋さんの倉庫を改造したもの）に引っ越した青年は、六人の友人を自宅に招いて、（中学時代に江藤の家で御馳走になったような）霜降り肉のすき焼きでおもてなしした。そして呆れた。

彼らは、お腹の大きな妻のサービスに対して、「おいしいですね」とも、「ご馳走になります」とも言わずに、ひたすらコンピュータの話をしながら、すき焼きをつついていたのである。彼らは、コンピュータおたく、もしくは宇宙人だった。

考えてみれば私は、彼らと映画や小説の話をしたことは一度もない。彼らは、人間という〝わけのわからないもの〟より、自分の思い通りに動いてくれる、機械やコンピュータの方が好きなのだ（それにも拘わらず、彼ら全員が所帯を持ったのは、まことに驚くべきことである）。

この後私は、筑波大や東工大で、大勢の一流エンジニアと付き合う機会があったが、彼らの多くは寡黙で、仕事と趣味以外のことには関心がない、〝純正エンジニア〟だった。

大手町食べ歩き

子供時代、お人形さん一つすら買って貰えなかった妻は、友達とあれこれ持ち寄ってままごとをやるとき、一人だけ持っていくものがないので、辛い思いをしたという。赤ちゃん人形ならぬ、本物の赤ちゃんを手に入れた妻は、子育てこそ自分の生きがいだと思ったようだ。

〝自分では何もできない、私の可愛い赤ちゃん。自分のことは自分でやれる（可愛くない）旦那には、適当にやってもらいましょう〟。

三年もしないうちに、二人目が生まれた。こうなると、夫に構っている時間は全く無くなる。

弁当が無くなった青年は、あちこちの食堂やレストランで昼飯を食べた。学生時代は学食で。東大の本郷キャンパスには二つの食堂があったが、いつも利用していた、法文系の建物の地下にある第一食堂は、薄暗くて、床をゴキブリやネズミが這い回っていた。

しかし私は、小学生時代にこれらの小動物を見慣れていたので、気にならなかった（昭和二〇年代の四階建て公営アパートには、ダストシュートなる〝欠陥〟ゴミ捨て装置が設置されていた。そこに捨てられたゴミを、パイプを通して地上に集めるという仕掛けであるが、生ごみをたらふく食べたゴキブリが、壁をよじ登って部屋の中に入り込むのである）。

食堂は換気が悪いので、厨房から出る水蒸気のせいで、いつもじめじめしていた。冷房設備はないから、夏にカレーやラーメンを食べると、汗だくになる。

一言で言えば、当時の学食は〝安くて量があるものを出せば、それでいい〟という感じのところだった。実際、ロクな食べ物がない時代に育った若者たちにとって、食事は質より量だったのである。

修士課程を出て、民間のシンクタンク「電力中央研究所」に入ってからは、大手町界隈のレストランを踏破した。高度成長時代を迎えた日本の中心地には、様々な店が集まっていた。

大手町ビルの地下一階にある、二流レストラン「菜の花」の二〇〇円弁当は、値段の割には味が良く、量も多かった。研究所から、月々二〇〇〇円分の昼食補助券が出るので、二週間はこれで間に合った。

残りの二週間は、同じ大手町ビルの中にある丸紅の社員食堂や、隣にある農協本部ビルの食堂などを荒らした。一九六五年当時の丸紅は、社員証を提示しなくても、豪華ランチを市価の半額で食べさせてくれた。一階上にある（のちに倒産した）安宅産業の食堂は、丸紅より豪華だと言われていたが、管理が厳しくて潜入できなかった。

一方農協食堂では、産地直送の農産物を使ったランチを、市価の三分の一で食べることができた（農林省本省の食堂は、もっと安くて豪華だということだった）。

丸紅は間もなく社員証提示を要求するようになったが、農協はそのようなケチくさいことはしなかった（今はどうなっているだろうか）。

時折は、大蔵省に勤める高校・大学時代の同期生である野口悠紀雄氏に誘われ、一五分ほど歩いたところにある、神田の「紅花」で特製ランチを食べた。普通の店のランチは、おかずは一品だけである。ところが紅花では、ハンバーグとビーフ・シチュー、エビフライとロール・キャベツという具合に、二品のおかずが出る。

効率第一主義の大蔵官僚は、「東京広しといえども、ここ以上にコスト・パフォーマンスがいいランチを出すところはない」と言っていた。その通りかもしれないが、暑い日射しの中を一キロ歩くのはかったるいので、一人では行く気になれなかった。

6　アメリカ式食生活

本場のハンバーガー

就職して三年半後の一九六八年九月に、スタンフォード大学に留学した二八歳の青年は、明るく清潔なカフェテリアでランチを食べた。東大の学生食堂と、スタンフォードのカフェテリアには、一九六〇年代の日米経済格差が表れていた。

ビーフ・ステーキ、サーモン・フライ、ラザニア、ビーフ・シチューなどのメイン・ディッシュと、各種メロンやオレンジ、アップルパイ、チーズケーキ、プリンなどのデザート類。そしてコーラ、スプライト、ルート・ビール、バターミルク、コーヒーなどの飲み物。あれこれトレーいっぱい注文しても、二ドル五〇セント（当時のドル円レートで九〇〇円）でお釣りがきた。

これらのメニューの中から、私は迷うことなく、ハンバーガーとアップルパイ&アイスクリームとコーラを注文した。ハンバーガーと言えば、マクドナルドのチーズバーガーやビッグマックを思い出す人が多いだろう。しかしあれは、スタンフォードのエンシナ・コモンズ・カフェテリアで食べていたものとは、似て非なるものである。

ポパイのマンガに登場するような、腹が突き出たひげおやじが、厚さが二センチ近くある肉を目の前でジュウジュウ焼いて、その上にチーズを乗せ、玉ねぎとトマトの輪切りとレタスを重ねる。リクエストすれば、トマトや玉ねぎを二枚挟んでくれる。

この上に、備え付けの刻みピクルスをたっぷり乗せて、からしとケチャップを塗りたくり、それにパンで蓋をした厚さ一〇センチ近い物体である。これでお代は、一ドル五〇セント（当時の為替レートで五〇〇円）である。

これに似ているものとしては、「バーガー・キング」の〝ワッパー〟（四二〇円也）がある。ワッパーとは、〝とてつもなく大きなもの〟という意味で、（ホームページに記載されたデータを見ると）一個で六七〇カロリーもある代物だが、スタンフォードのハンバーガーは、かつ丼並みに九〇〇カロリーくらいあった。

それだけではない。自分の好みに合わせて、ピクルス、ケチャップ、からしなどを好き放題に塗りたくれるのが魅力である。

これを食べると、手も顔もお腹の中も、そして〇〇〇もべとべとになる。家族を残して単身でアメリカに留学した青年は、典型的な大アメリカ・中流・小市民であるブラウン家にホームステイしていた三カ月間、毎日これを食べ続けた。

若いうちであればともかく、後期高齢老人がワッパーのような高カロリー食に手を出すと、ロクなことにならないので、ワッパー・ジュニア（三三〇円）なるものを賞味したところ、ふつうのハンバーガーより小ぶりなので拍子抜けした。〝ワッパー（とてつもなく大きなモノ）〟の〝ジュニア（息子）〟は、

（日本の基準で）〝普通〟という意味でした。

夕食には、ミセス・ブラウンが作る肉料理をご馳走になった。これもただの肉料理ではない。巨大な骨付き牛肉や、鳥（チキンやターキー）を丸ごとオーブンで焼いたものである。また時折、日本ではお目に掛らない不思議な植物――アーティチョーク（朝鮮アザミ）の根っこや、巨大キノコなど――が出てきた。

皿に盛られた料理を食べ残すと、ブラウン夫人は不機嫌になるから、ブラウン氏同様全部食べなくてはならない。その上デザートに、一ポンドのカートンから掬いあげた、アイスクリームの塊（サーティーワンで言えば、三スクープ）が出る。

アメリカにおける〝good husband〟の条件は、一にも二にもストマックだといわれていたが、この基準は夫だけでなく、下宿人にも適用された。

ビッグ・ディナーを食べても、午前三時まで宿題解きをやると、朝にはお腹がすく。ろくろく寝ていない上に、何も食べずに五マイル自転車をこぐと、行き倒れになる心配があるので、直径が二センチ、長さが一〇センチ以上あるソーセージを三本茹でて、これにケチャップを塗りたくり、日本から運んで来た飯盒で炊いた、〝国宝ローズ米〟のごはんとともに食べる（全く品がない朝ごはんです）。

国宝ローズ米は、カリフォルニアで栽培されている陸稲であるが、これは当時の高級日本米と遜色がなかった。後年家内は、高島屋から取り寄せた〝魚沼産コシヒカリ〟を愛用していたが、「国宝ローズ米と同じくらいおいしい」と言っていた。

アメリカ大陸に、三〇〇ポンド超の肉塊がうようよしているのは、以上のような食生活のおかげである。それでも、気候がいいカリフォルニアでは、身体を動かす機会が多いので、この程度で済んでいる。

ところが酷寒の地ウィスコンシンでは、小錦級の巨人（多分女性）を何人も見かけた。あまりにも体が大きいので、玄関を通り抜けることができず、窓から運び出される人もいるとやら。

日本を出るときには七三キロだった私は、超競争社会のストレスを解消するために食べまくったおかげで、四か月後には八三キロまで増えてしまった。あまりの醜さに、鏡の前でため息をつきながらも食べ続けた。

一〇キロほど増えたところに、大学時代の指導教官である森口繁一教授が、「アメリカ計算機事情調査団」の団長としてスタンフォードを訪れた。教授は、「しばらく見ないうちに随分肥えたな」というマイルドな表現を使ったが、教授夫人はこの時のツーショット写真を見て、「メキシコ人みたいでいやらしいわネ」と宣われた。

友人から、このあからさまな言葉を伝え聞いた私は、〝いやらしくない日本人〟に回帰すべく、ハンバーガーと縁を切ることを決意したのでした。

三カ月遅れで、四歳と一歳の子供を連れてアメリカにやってきた妻に、「弁当を作ってくれないか」と頼んだところ、夫のお腹をしげしげと眺めて、「仕方ないわね」と言ってくれた。

愛妻弁当のカロリーは、ハンバーガーの三分の一程度である。朝はサラダとヨーグルト、昼は愛妻弁当、夜は魚中心の和食を食べながら、毎日一四時間勉強した青年の体重は、インプット・アウトプットの法則に従って、一年後には元に戻った。

ここで、月三〇〇ドルの奨学金で過ごしている、典型的なアメリカン・ビンボー・子持ち学生の〝弁当〟を紹介しよう。彼らが持参する〝弁当〟は、茶色の紙袋に入ったサンドイッチと、リンゴ、オレンジなどの果物、そしてポット入りのコーヒーである。

サンドイッチの中身は、ピンがロースト・ビーフもしくはターキー。次がハム、チーズ・アンド・レタス。キリがピーナッツバターもしくはジャム・オンリーである。ジャム・オンリー・サンドは、小学生時代の私が、給食がない日のお昼に食べた、コッペパンにサツマイモ・ジャムを塗ったものと大差ない。

ピンは五人に一人で、五人に二人はキリである。しかもパンは、日本のようなしっとりしたものではない。二斤で三〇セント（一〇〇円）の食パンで作った、ピーナッツバター・サンドを食べる子持ちアメリカ人学生は、プアを通り越してミゼラブルだった。

ところで読者諸氏は、「サブウェイ」という名の、アメリカ式サンドイッチ店をご存じだろうか。開店当初はかなり繁盛していたが、しばらくして経営が悪化した。中身をいろいろ工夫しても、パサパサ・パンを使ったサンドイッチは、日本人の口には合わなかったからだろう。

値段を下げたうえで、日本人の口に合うパンを使うようになってから盛り返したということなので、一度試食して見たが、もう一度行く気にはなれない。日本のサンドイッチは、コンビニのものでも、十分においしいからである。

二つのアメリカ

パロアルトでは、四月から一〇月まで、ほとんど毎日快晴が続いた。真夏の間も暑さを感じないし、冬はコートなしで暮らせた。売り場面積一〇〇〇平米超のスーパー・マーケットには、メロン、葡萄、サクランボ、かんきつ類が溢れていた。

メロンはカンタループ、クレンショー、ハネーデュー、ウォーターメロン（丸太のようなスイカ）など。かんきつ類はオレンジ、ネーブル、グレープフルーツ。葡萄もマスカット、ピオーネ、ゴールドフィンガーなど、種類が多く値段も驚くほど安い。また秋になると、ヘーゼルナッツ、くるみ、アーモンドなどが並ぶ。

牛肉は、サーロイン、テンダーロイン、ランプ、Tボーンなどの部位が、ニューヨーク・カット、マーケット・カットなど、様々なスタイルで売られていた。ブラウン夫妻は、牛一頭の半分を購入して肉屋に預けておいて、今週はサーロイン、来週はランプといった具合にカットしてもらい、数カ月かけて食べていた。〝肉々しい〟生活そのものである。

海に近いパロアルトは、魚介類も豊富で、新鮮なサーモン、マグロ、たら、ハマグリ、（ジャンボ）オイスター、蟹などが安く手に入った。観光地として名高いサンフランシスコのフィッシャーマンズ・ワーフでは、一キロ以上ある蟹（いわゆるダンジネス・クラブ）が、三～四ドルで手に入った。ところが、パロアルトの個人経営マーケット「JJ&F」では、その二割引きで同じものが売られていた（大規模なスーパーでは取り扱っていなかったが、牛肉に比べて値段が高く、供給量が不安定だからだろう）。

茹でた蟹（大）を丸ごと買ってくると、大人二人が堪能するほどの食べ出があった。妻は綺麗にほぐした身の部分しか食べないから、カニみそは全部夫に回ってきた。三年間で（水銀含有量を心配しながら）一〇〇匹以上食べたはずだ。その後もスタンフォードに出張するたびに蟹を一匹購入し、モーテルでケチャップをつけながら夜半分、朝半分ずつ食べた。

乱獲したせいで、現在ではサンフランシスコのレストランで一匹注文すると、四〇ドルくらい取られるらしい。

私はあちこちで、〝スタンフォードは、この世の素晴らしいものを集めたパラダイスだった〟と書いた。これは美しいキャンパスや優れた教授陣だけでなく、恵まれた気候、安くておいしいステーキ、果物、蟹、オイスター、そして国宝ローズ米を総合した評価である。

ところが、三年のカリフォルニア生活のあと、一年を過ごした北部のウィスコンシン州マディソンは、パロアルトとは全く違う酷いところだった。夏はじっとり暑く、冬は猛烈寒い。若者はともかく中高年者は、一一月から四月までは家の中に閉じこもって暮らすしかない。

果物は虫食いリンゴと萎びたオレンジ。輸送コストが掛るので、メロンは貧相なカンタループのみ。蟹、オイスターはもとより、サーモンやエビも新鮮なものは手に入らない（だから買わない）。スーパーには細長いシャム米しか置いてない。日本食品が欲しければ、三〇〇キロ先のシカゴまで行かなくてはならない（遠いから行かなかった）。

なぜこのようなミゼラブルなところにも、人間が住んでいるのか。寒さに強く我慢強いドイツ系移民が住みついたからだ、と聞いたことがあるが、銀行の窓口嬢が、パリがどこにあるのか知らなかったことからすると、カリフォルニアがどこにあるのか知らないせいかもしれない（これはあり得ないことではない）。

料理上手の妻がいてくれたから、私は毎日おいしい食事にありつくことが出来た。しかし一人暮らしだったら、ひたすらハンバーガー、冷凍食品、缶詰などを食べて過ごし、再び〝イヤラシイメキシコ人〟になっていたかもしれない。

アメリカの地図を見るたびに、私は下宿先で食べた巨大なマーケット・ステーキを思い出す。まだ訪れたことがないのは、脂身に当たるアラバマ、ルイジアナ、テキサスなどの南部三州だけである（これから先も食べる機会はないだろうし、食べたくもない）。

『英文毎日』の主筆は、「アメリカに追いつくよう頑張ってくれたまえ」と激励してくれたが、その言葉の通り、日本はその後半世紀の間に、完全にアメリカ化した。今や、アメリカにあって日本にない食べものは、バターミルクとルート・ビールくらいではなかろうか。

バターミルクというのは、低脂肪牛乳に乳酸菌を混ぜて発酵させた、ドロドロの飲みものである。最初に飲んだときは腐った牛乳だと思ったが、これはいわば液状のプレーン・ヨーグルトである。健康食品の一種だと思って飲めば違和感はない。

一方のルート・ビールは、甘草という植物の根から抽出された成分を使った炭酸飲料で、アメリカではどこにでも置いてあったのに、日本ではついぞ見かけたことがない。私の口には合わない〝妙チキリンな〟飲料だったが、ノンアルコール・ビールの一種だという宣伝を打てば、日本でも売れるかもしれない。

パーティー会計学

今やアメリカにあって、日本にないものはほとんどなくなった。しかし、〝夫婦単位で〟友人や同僚を自宅に招いてもてなす〝パーティー〟は別である。豪邸に住んでいる芸能人やセレブ族を除けば、毎週のようにパーティーに呼んだり呼ばれたりする日本人はほとんどいない。

家が狭いから呼べない、ということもある。しかし、それだけが理由ではない。日本では、夫と妻は別のコミュニティに所属しているからである。ところが、日本人もアメリカで暮らすと、アメリカ式パーティーとお付き合いする羽目になる。呼ばれるだけならいいが、厄介なことに、呼ばれたら呼び返さなくてはならない。

原子力の世界には、「ニュークリア・アカウンティング（核物質会計学）」という研究領域がある。核物質が行方不明にならないように、その出入りをチェックするための（あまり面白くなさそうな）学問である。企業におけるお金の出入りをチェックするための、会計学の原子力版である。

世の中には、いろいろな会計学があるものだが、アメリカには「パーティー会計学」という厄介なものがある（誤解を与えるといけないのでお断りしておきますが、これは私の造語です）。

これは平たく言えば、〝いつ誰に呼ばれて何をご馳走になったか、いつ誰を呼んで何をご馳走したか。三回呼んでやったのに、一回しか呼んでくれない奴は誰か。二回呼ばれたのに、一回しか呼んでいないのは誰か〟という、貸借対照表である。数カ月以内に負債をクリアしないと、友人関係に悪影響が及ぶ。企業人であれば、昇進に影響する。

かつて、アメリカで離婚が多いのは、パーティーにおける「夫婦アカウンティング」が原因だと言われていた。夫のためにあれこれ大サービスしたのに、夫がその見返りを与えてくれない。〝こんな人より、お隣の御主人のほうがいいわ――〟。

アメリカのパーティーには、ホストがすべてを用意して、客はワインやお花を持って集まるフォーマル・パーティーと、客が手製の料理を一品ずつ持参する、ポトラック・パーティーの二種類がある。

フォーマル・パーティーのホスト役は大仕事である。一方客も、手土産の選定にはかなり苦労する。これに比べると、ポトラック・パーティーのホストはやや気楽である。一方客の側は、どのような料理を持っていくかで苦労する。ホストが何を持っていけばいいか指示してくれる場合もあるが、同じものが重なった上に、自分の料理だけ残ると、主婦の面目は丸潰れになる。

パーティーの主催者が最も神経を使うのが、部屋のクリーニングと客の座席順である。客がコート類を置くベッドルームのクリーニングは、特に念入りにやらなくてはならない。

留学当初ホームステイしていたブラウン家では、月に一回はパーティーを開き、月に二回はパーティーに招かれていたが、ホストを務める時には、二日がかりでクリーニングをやっていた（後期高齢老人は、息子一家が来てくれる時には、二日がかりでマンションのクリーニングをやっている）。

日本人夫婦もアメリカで暮らすと、アメリカ流にパーティーを開くようになる。八組の友人夫婦のうち五組は新婚ほやほやで、子供はいない。彼らが住んでいるのは、一ベッドルームの小さなアパートだが、子供がいなければ、リビングルームで五組の夫婦をもてなすことは可能だ。

ところが私の家には、四歳と一歳の子供がいる。夫婦揃って呼ばれても、妻は「子供たちをベビーシッターに預けてパーティーに出かけるようなことは、〝絶対に〟したくない」という。そこで私は日本流に、一人で出かけていたのだが、パーティー会計学に従って、逆招待しなくてはならない。

あるとき私は、負債を一括返済すべく、大蔵官僚、C社のエンジニア、H社とY社を辞めてアメリカにやってきた二人のエンジニア、お寺の住職の息子という五組の夫婦を招いて、パーティーを開くことにした。

狭いリビングで、一二人のパーティーを開く場合は、立食が普通である。一回当たり一〇ドルのもてなしを受けたとすると、それと同程度（もしくは少し上）の食事を提供するのが原則である。しかし、ロブスターやサーモン・ステーキの立食はオークワードだし、お金もかかる。

知恵を絞った結果、和洋折衷の〝オールスター〟弁当を出すことに決めた。色違いのプラスチック容器を六組買ってきて、一つにはマグロのお刺身、ブリの照り焼き、エビのフライ、焼き豚、卵焼き、シューマイなどをびっしり詰める。

もう一つには、魚沼産のコシヒカリにも劣らない、カリフォルニア産の「国宝ローズ米」で作った、のり巻きや特製稲荷ずし。飲み物は、ビール、ワイン、ウィスキー、日本酒と、コーラやジュース。ブリとマグロのお刺身は、五〇マイル離れたモントレーの魚市場に出かけて購入。日本酒、海苔、シイタケ、油揚げなどは、(現在はフェイスブックの本社がある) 隣り町のメンロー・パークにある日本食料品店で購入。あらかじめ頼んでおけば、大体のものは取り寄せてくれる (当然ながら、値段は日本の二倍以上である)。

妻は前々日から大奮闘。幸いアメリカの大型冷蔵庫には、いくらでも詰め込むことができる。出来上がったのは、一人一五ドル(実費)を上回る豪華弁当である。二つ一組の(色違いの)弁当箱を受け取ったカップルからは、驚きの声が上がった。このような弁当を見るのは初めて (そして最後) だったからだろう。

男どもは、ほとんどすべてを食べきった。しかし、女性にはボリュームがあり過ぎた。新婚女性は人前で大食いはしない。ましてや五人の女性は、互いに反目しつつも、国立大学卒の女性を見下している、御三家 (双葉、東洋英和、白百合) の出身者である。

出てきた料理を食べ残すのはマナー違反である。〝この料理は口に合わない〟と言っているようなものだからである。だから、ビュッフェ以外の場合に、あまり多くの食べ物を出すのはマナー違反なのである。

男性用と女性用の、大小二種類の弁当箱を用意すれば良かったと思ったが、過ぎたるは及ばざるがごとしで、このオールスター弁当は過剰サービスだった。

「パーティー会計学」があるなら、「ランチ会計学」があっても不思議はない。

ランチ会計学

隣の学科には、私より一年早く留学した、京都大学工学部教授の次男がいた。アメリカ人からティムというニックネームで呼ばれるT氏は、私以上に〝生活力〟があった。〝母親から冷遇されると生活力がつく〟というのは、この男を見ていて気がついた法則である。そもそも母親に大事に育てられた息子は、この時代（一九六七年）に、単身で博士号を取りにアメリカに留学することなど、考えもしないだろう。

同じ境遇で育ったせいで、私とウマがあったティムは、ある日ランチに誘ってくれた。行き先は、この男が住んでいる学生寮の食堂である。「友人を同伴しても、追加料金を請求しないことになっているから、気にしなくてもいい」という。

メニューは一種類。二枚の食パンの上に、シチューをかけたものとサラダである。ティムはかねて、「白米の上にキャンベルのマッシュルーム・スープをかけるとうまい」と、日本人離れしたことを言っていたが、その食パン・バージョンである。

三回目に招待された時、これには何か裏があるのではないかと気がついた。〝そろそろ日本式ディナーに招待しろ、と言うことか〟。ランチ・アカウンティングのルールにしたがって、私はティムを夕食に招待して、とびきりの和食を御馳走した。ところが、それだけでは負債をクリアするには十分でなかった。

ティムはディナーのあと妻に、新品のシャツの袖を短くする作業を頼んだ。日本人としても小柄な（タイニーな）ティムに合うシャツは、スーパーでは手に入らない。ボディーに合うシャツは袖が長すぎるので、付け根から外して一部を切り取った上で、縫い付けてほしいというのである。

妻が「ミシンがないのでうまくやれる自信がない」と婉曲に断ったところ、「それでは明日ミシンを持ってきます」と言う。そう言われれば引き受けざるをえない。ところが持ってきたミシンは、インド人留学生が、母親へのクリスマス・プレゼントとして買い求めたピカピカの新品だった。そのような大事なものを「貸してくれ」と言えるのは、日本人ではない証拠である。

かなり時間がかかったようだが、袖つけはうまく仕上がった。味をしめたティムは、私の留守中に再びこの仕事を頼みに来たが、妻は育児で忙しいという理由で断ったということだ。

またある時ティムは、車の取り換えっこを提案した。「（坂道が多いことで有名な）サンフランシスコの総領事館に行きたいのだが、自分の車はギヤがバックに入らない（！）ので、車を貸してくれないか。その間は自分の車を使ってもいい」と言う。

ギヤがバックに入らない車には乗りたくなかった私は、「保険の問題があるからノー」という理由で断った。万一ティムが事故を起こせば、その責任は車の持ち主が被ることになるからである。日本人であれば気を悪くするところだが、〝九〇％アメリカ人〟になっていたティムは、全く気にしなかった。

アメリカ人は、ダメもとで頼んだことは、きちんと理由を説明して断ると、あっさり引き下がることもあるのだ（ＴＰＰ交渉でアメリカ代表は、あれこれ滅茶苦茶なことを要求したようだが、日本代表はこのことを知っていたのだろうか）。

なお私は、日本に帰ったあとも現在に至るまで、この〝疑似アメリカ人〟と親しく付き合っている。留学から帰って五年後、私は筑波大のＹ助教授宅に招待された（スタンフォードのオールスター弁当パーティーに招いた人である）。以下は、〝霜降り牛肉・下仁田ネギ・生卵〟すき焼きをつつきながらの会話である。

「あの時のお弁当には、本当にびっくりしました。あれだけのものを用意なさるのは大変だったでしょうね」とＹ夫人。

「それほどでもありませんが、量が多すぎて、皆さん食べるのに苦労されたのではないでしょうか」

「そんなことはありません。僕は全部食べました。アメリカのディナーは、あんなものではありません。次から次に出てくる大量の料理を、残さずに食べるのは大変です。弁当箱に入っていれば、自分のペースで食べられるし、食べきれなかったものは持ち帰って、次の日に食べることもできます。あなた方が日本に戻られたあと、われわれも弁当パーティーを開きましたが、アメリカ人には好評でした。狭い家に大勢の外国人を呼ぶ時には、なかなかいいやり方だと思っています」

7　天国と地獄

王侯貴族の生活

一九七四年四月に、筑波大学計算機科学科の助教授に採用された私は、その一カ月後に、ウィーンにある「国際応用システム分析研究所（ＩＩＡＳＡ）」に出向した。

ウィーンは第二次世界大戦が終わった一九四五年から五五年まで、米・英・仏・ソの四カ国によって分割統治されていた。占領が終わった次の年に起こったのが、ハンガリー動乱である。この時には、二五万人の難民がオーストリアに逃げ込んだ。また一九六八年の「プラハの春」事件の時も、一六万人の難民が流れ込み、オーストリア国民はソ連の脅威に怯えた（現在のようにアラブ諸国からではなく、ハプスブルク帝国の一員だった国からの難民だから、オーストリアはすべてを受け入れた）。

古いヨーロッパの地図を広げると、オーストリアの東半分は、共産圏に囲まれた半島形になっている。したがって一朝事あれば、共産圏に組み込まれないとも限らないのである。

このような状況の中で、オーストリア政府は安全保障を担保すべく、米・ソ乗り入れの研究所をウィーンに誘致した。修復されたマリア・テレジアの夏の離宮「ラクセンブルク城」を無料で提供し、光熱・水道費や事務スタッフの給与を全額負担した。

給料はアメリカの一流大学並み（日本の国立大学助教授の四倍程度）。ロココ調オフィスの広さは、東大工学部教授室の二倍以上。天井には二つのシャンデリア。その下には、大理石のテーブルと重役級のチェアー。私は、生涯で最も優雅な一年を過ごすことになったのである。

九時半になると、メイドが「コーヒーの準備が出来ました」と知らせに来る。大理石の廊下を二〇メートルほど歩くと、立派なコーヒルームがあって、メイドがウェッジウッド製のカップに、香り高いコーヒーを注いでくれる。

一一時半になると、西側研究者は食堂に殺到する。オープン後一〇分もしないうちに、三〇人分のホット・ランチが売り切れるからである。

一五シリング（約二五〇円）のホット・ランチのメニューは、メイン・ディッシュがビーフ・ステーキ、ロースト・ビーフ、ウィーナー・シュニッツェル、ビーフ・ストロガノフなどの日替わり。この外に各種ペイストリー、ハム、ソーセージ、チーズ、サラダ、スープ、ジュース、コーヒー、デザートが食べ放題、飲み放題である。

ホット・ランチが売り切れると、一二シリングのコールド・ランチに切り替わる。これは、ホット・ランチからメイン・ディッシュを取り除いたもので、西側研究員が食べ終わったころに姿を現す東側研究員は、いつもこれを食べていた。

ホット・ランチは食べ過ぎになる。一方コールド・ランチだと、損をしたような気分になる。そこで、週に何回かお城の外にあるリストランテで、二〇シリングの肉定食（牛または豚肉の料理と、サラダ、コーヒー、デザート）を食べることにした。

一九七〇年代半ばのオーストリアは、五〇年代（『三丁目の夕日』のころ）の日本のようなところだった。庶民の平均所得は、月四〇〇〇シリング（六万円）程度。肉料理が出るのは週に一～二回で、普段食べているのは、堅くなったパンに水を混ぜて作った団子を、野菜と一緒に煮込んだクネードル・スープ（日本で言うところの〝スイトン〟）である。

このような経済状態では、二〇シリングの昼食を食べることができる人は限られる。というわけで、リストランテはいつも閑散としていた。

当時三三歳だった私には、昼日中にワインを嗜む習慣はなかった。しかし、夏の間この研究所を訪れた宇沢弘文教授（東大）は、一杯だけでなく二杯、三杯とグラスを重ねた。教授に誘われた私は、試しに一杯やってみた。そしてこれがきっかけで、以後四〇年に及ぶ〝疑似アル中〟生活が始まるのである。

ランチのあとは、お城の裏にある公園の中を、三〇分ほど速足で歩いてアルコールを吐きだす。一時には研究室に戻り、四時間ほど仕事をやったあと、家族が待つアパートに帰る。

妻が用意した料理（カレー、親子丼、ハンバーグ・ステーキ、スパゲッティ、野菜いためなど）を食べたあと、月に二回は家族四人揃って、国立オペラ座の『アイーダ』『カルメン』などのオペラや、『くるみ割り人形』『眠れる森の美女』などのバレエを鑑賞した。まさに王侯貴族の生活である。

なお王侯貴族生活は、家族と一緒に過ごした半年だけで、残り半年の単身生活の朝食は、ソーセージ、ベーグル、インスタント・コーヒーという質素なものだった。肉屋で売られている十数種類のソーセージの中で、四角いチーズが埋め込まれたボローニャ・ソーセージは、とりわけ美味だった。日本にも輸入されているかもしれないと思ってデパ地下を探したが、見かけたことがない（ご存知の方がおられたら、教えていただきたい）。

ほとんどのソーセージを食して見たが、ブルート・ヴルスト（豚の血液を固めて作った真っ黒なソーセージ）だけはNGだった。

昼は研究所でコールド・ランチ、夜は自宅でワインとチーズ。たまのご馳走は、オーストリア式の飯合で煮たイタリア米に、キャンベルのミネストローネ・スープを掛けたものである。これは永谷園の「チャーハンの素」で作った、チャーハンと同じくらいおいしかった（ティムの言うことは正しかった）。

食堂がない大学

ウィーンから筑波に戻った私は、王侯貴族から難民に転落した。

土浦駅から一〇キロ以上離れた松林の中に作られた筑波大学には、この当時（一九七四年）五階建ての無機的なビルが一つと、四〇〇人の学生を収容する学生寮、それに体育施設しかなかった。周囲は、ナシ畑、養豚場、杉林ばかりである。

体育施設〝しかない〟という表現は、適切さを欠く。普通の国立大学ではありえないような豪華施設である。巨大な体育館、四〇〇メートルのトラック、サッカー・グラウンド、ラグビー・グラウンド、野球場、五〇メートル・プール、二〇面以上のテニスコートなどなど。

〝学生の本分は勉強とスポーツであって、学生運動ではない〟という、文部省の高笑いが聞こえてきそうなキャンパスである。

筑波大学の前身である東京教育大学が、〝物理・体育大学〟と呼ばれていたことが示す通り、体育学部は全国の体育界に君臨する一大帝国である。筑波移転を巡って発生した大紛争の際に、物理集団とともに、移転に協力した体育グループの要求に、文部省は満額（以上の）回答を与えたのである。

大学から南二・五キロのところには、電々公社の社宅二棟と、公務員住宅四棟があった。公務員住宅に住んでいるのは、筑波大学の職員と、数年前に大学よりさらに奥地に建設された、「高エネルギー物理研究所」のスタッフである。周辺には、週に三日だけ営業する小さな商店が一つしかなかったため、住民は全員同じものを食べていた。

〝文化果つるところ〟に家族を住まわせたくなかった私は、初めの一年間、流山にある自宅から通勤した。東武野田線の江戸川台駅まで徒歩一二分。柏まで電車で一五分。常磐線に乗り換えて、土浦まで四五分。ここから関東バスで三五分。乗り換え時間を含めると、優に二時間はかかる。

常磐線は車両も線路も老朽化しているため、五分や一〇分の遅延は当たり前である。バスは一時間に二本だけだから、大学まで二時間半かかることもある。したがって、九時から始まる授業に間に合うためには、六時すぎに家を出なくてはならない。

育児で疲れている妻に、六時までに弁当を作らせるのは酷である。というわけで私は週に五日、弁当なしの日帰りツアーに出かけることになった。

全寮制の筑波大学には、ビジネスホテル並みの豪華な学生寮があった。寮には食堂も購買部もあるから、学生たちは生活に困らない。

お客様である学生に対して、十分なサービスを提供した文部省は、使用人である教職員には冷たかった。学生食堂はあっても、職員食堂はない。教員が学生食堂を利用することはできない。弁当売りは来ない。コンビニというすぐれものは、まだ存在しなかった。

したがって、出勤途中に土浦駅の売店で、駅弁かサンドイッチを買っておかないと、ロッカーにストックしてあるカップめんで、昼食を済ませる羽目になる。

五時半に最終バスが出たあと、土浦駅に行くためにはタクシーを呼ぶしかない。ところが、田舎のタクシー料金は東京より遥かに高い。給料の五％近い大金を払って家に帰っても、翌朝また六時に出なくてはならないから、泊まった方がいい。ところが、大学には宿泊施設はないし、駅まで行かなければホテルもない。

カップ・ラーメンを切らしたときには、からの胃袋でソファーに寝る羽目になる。私は最初の一年間に三〜四回大学に泊まった。公務員の服務規定では、大学内で寝泊まりすることは禁止されている。しかし外で寝ると、筑波名物の野犬に襲われる危険があるから、守衛は見て見ぬふりをしてくれた。

車で通勤するという選択肢もある。しかし、真っ暗で曲がりくねった五〇キロの田舎道は、危険がいっぱいである。ある有力教授は、田んぼに転落して命を落とすところだった。この時は、車がおシャカになっただけで済んだが、公務員は人をはねると懲戒免職になる。免職になったら、家族が路頭に迷う。

そこで私は妻に懇願して、赴任一年後の一九七五年四月に、茨城県新治郡桜村大字倉掛字倉掛六五三番地にある公務員住宅に移り住んだ（四〇年後の二〇一四年に、研究学園都市に住む息子の家を訪れた老人は、かつて住んでいた公務員住宅が取り壊されている現場を前にして、「なにごとも、はじめあれば終わりあり」と呟いたのでした）。

陸の孤島の食生活

一坪五〇〇円の松林の中に作られただけあって、駆け出し助教授が割り当てられた公務員住宅は、九〇平米の５ＬＤＫで、賃貸料は二万円プラス・アルファだった。ショッピング・センターは出来ていたが、食料品店は（現在の）大型セブンイレブン以下の貧弱なもので、品ぞろえは××だった。

その代わり桜村の旧道沿いには、素晴らしい八百屋があった。玉ねぎやジャガイモの二〇キロ袋詰め、大きなざるに入ったトマト、キュウリ、ナスなどが、ショッピング・センターの半値で売られていた。

ＮＨＫの「ニュース・セブン」でメインキャスターを務める、熊本出身の武田真一氏は、一九八〇年代半ばに筑波大学に入学した時、〝文化果つる環境〟にショックを受け、最初の数日間泣き暮らしたと言っていた。

しかし私の診断によれば、これは単なるホームシックに過ぎない。私は一九八三年の春まで筑波に住んでいたから知っているのだが、八〇年代半ばの筑波はすでに〝大都会〟になっていた。道路網は整備されていたし、レストラン、パチンコ屋、飲み屋はもちろん、ノバ・ホールというおしゃれなコンサート・ホールまであった。つまりこの当時の筑波は、熊本のローカル・タウンよりはずっとましだったはずだ。

それだけではない。学生たちは、学生運動を禁止された代償として、文部省から最高のもてなしを受けていたのである。

一九七七年になると、職員も利用できる食堂が出来た。普通の大学では、生協が経営を引き受けるところだが、国策大学は左翼集団の拠点である生協が大嫌いである。代わりに引き受けたのは一般の業者である。ところが大学当局が料金設定に口を挟む。料金を抑えられれば、材料費や人件費を節約するしかない。

この結果出現した〝安かろう、まずかろう〟食堂は、食べ物にうるさくない私にとっても、許容限度を超えていたので、それまで通り妻に弁当を作ってもらった。

生涯最悪の弁当

ところが年に一日だけ、大学が使用人にタダで弁当を支給する特異日があった。それは、国立大学における最も重要なイベント、すなわち入学試験が行われる日である。

問題作成担当委員は何回も会議を開いて、問題が適切かどうか――文部省の指導要領を逸脱していないか——を詳しく検討する。万一規格に外れた問題を出すと、受験ジャーナリズムの袋叩きにあうからである。

採点担当者は、一週間近く缶詰め状態で採点作業を行う。数学の場合は、公平を期すために、問題ごとに二人の委員がすべての答案用紙（二〇〇〇枚以上）を採点することになっていた。

〝世界的な数学者が、このような仕事に二週間もの時間を空費するのは、資源の無駄遣いではないのか〟。ところが、文部省本省から出向している〝特高〟事務官は、「大学教員の給料のかなりの部分は、入学試験のために支払われている」と言い放った。

缶詰状態で採点作業をやると、一日につき五〇〇〇円程度の日当が出る。一方、私立S大から移籍した経済学教授によれば、S大では問題作成・採点委員を務めると、ボーナス一回分に匹敵するお手当が出たそうだ。

私が割り当てられたのは、朝八時から夕方六時までの監督業務だったが、一日だけでも十分くたびれた。くたびれた原因の一つは、昼に支給された〝鯉の味噌煮&漬物弁当〟である。

かつては美しい湖だった霞ケ浦は、この当時はヘドロの海になり果てていた。鯉はヘドロの中でもすくすく育つすぐれものである。霞ケ浦のほとりにある鯉料理屋では、捕獲した後何日か真水の中で泥を吐かせてから料理すると言っていた。

ところが、捕獲してすぐに調理したためか、あおこ（ヘドロ）の匂いが漂う〝生涯で二番目に酷い弁当〟だった（翌年からは大学弁当を辞退して、愛妻弁当を食べた）。

缶詰めで採点作業をする教授たちは、一週間連続でこのような弁当を食べていたのだろうか。それとも、彼らには監督担当助教授とは別の、特製弁当が支給されていたのだろうか。

これ以上酷い弁当は、二〇一〇年に食べた、中国人が経営する弁当屋の〝鶏の唐揚げ弁当〟二七〇円也だけである。当時のコンビニ弁当は、最低でも三五〇円くらいしていたので、好奇心で買ってみたのだが、唐揚げはともかく、お米が×××だった。いずこから流れてきた古米、もしくは古古米を使ったのではなかろうか。

これに驚く間もなく、大手コンビニが二八〇円弁当を売り出した。デフレと円高が続けば、二〇〇円弁当や五〇円食パンも登場しそうな勢いだった。実際二〇一二年夏には、某定食屋が二〇〇円の〝卵かけ朝食〟なるものを発売して、世間を驚かせた。

しかし激安定食は、長続きしなかった。円高から一転して、一ドル一二〇円になったため、二八〇円弁当は姿を消した。今後更に円安が進んで、一ドルが一五〇円になった時、一日一〇〇〇円以下で生活している学生たちは、どうやって生きて行くのだろうか。

早弁助教授

長い間二人の同僚と相部屋暮らしだった私は、赴任して四年目に個室を割り当てられた。。ところが、東大工学部助教授の研究室は、二〇平方メートルくらいの広さがあるのに、文部省の建築基準が変わったせいで、筑波大学の研究室はその三分の二だった（参考のために書けば、これでもアメリカの大都会、例えばニューヨークにあるコロンビア大学の教授オフィスよりは広かった)。

狭くても、個室は自分のお城である。ドアを閉めてしまえば、靴下を脱ぐのも、鼻くそをほじるのも自由である。もちろん、朝一〇時に早弁してもかまわない。

子供のころ欠食児童だった私は、かばんの中の弁当が気になって仕方がない。一〇時に食べてしまうと午後に腹が減るから、一一時までは手を出さない方が賢明だと分かっていても、気になりだすとますます気になる。

〝仕事の障害になるものは早く取り除いた方がいい〟と考えた私は、いつも昼になる前、それも一時間以上前に弁当を食べた。極端に腹が減っているわけでもないのに、昼まで待てないのである。

一方同僚のM助教授は、一二時のチャイムが鳴ってから、弁当箱を取り出すと言う。一つ年上の公務員の倅だが、梅ちゃん先生のように食が足りていたのだろうか?

小ぶりの愛妻弁当には、最低でも五種類のおかずが入っていた。どれも昨日の残りものではなく、その日の朝に作ったものである。お米も、澱粉にこだわる妻の趣味で、高島屋から取り寄せた最高級の魚沼産コシヒカリを使った、海苔段々弁当である。粒が〝立っている〟ごはんは、最後の一粒まで残せない。

早弁したあとは、必ず後悔の念が押し寄せる。受け取った時点で自分の所有物になったのだから、いつ食べてもいいわけだが、母はこの論理を認めてくれなかった。妻がそのような些細なことにこだわるはずはないが、なんとなく悪いことをしたという気持ちが残るのである。

立食パーティー戦略

創立されたばかりの筑波大学は、その存在を世間にアピールするため、様々な国際会議を開催した。たまたま大学の「企画室員」を務めていた関係で、毎年私は「国際経済・経営会議」の企画立案に狩りだされた。

この会議は、日本経済新聞社と筑波大学が共催するもので、事務局長を務めるのは、私の古くからの友人で、筑波大助教授と余暇開発センターの主幹研究員を兼務する松田義幸氏である

海外からの招待者の旅費・滞在費や、会議の運営に必要な二〇〇〇万円は、当時一〇〇〇億円以上の利益を享受していた、日本IBM社が負担してくれた。

三日にわたる会議の二日目には、一〇〇人近いセレブが集まる立食パーティーが開かれた。東京の有力ホテルのシェフが用意した料理は、松阪牛のステーキ、キャビア、伊勢海老、あわび、ホタテ貝、ウニ、そして大トロ、中トロの握りずしなどの豪華版である。

懇親会場の壁際には、既にこれらの料理が並んでいる。ところがまず筑波大学学長、日本経済新聞社・広報部長、会議のチェアマン(大学教授)などの挨拶がある。企業人はパーティー慣れしているので、挨拶は短い。ところが学長は、ここを千度とばかり大学の宣伝に努める。

挨拶と乾杯が終わるまでは、食べ物に手を出さないのがルールである。三人のスピーチが一〇分以内に終われば万々歳である。一五分を超えると踵が痛くなる(スピーチの間は移動禁止である)。そのうちお腹が鳴りだす。

乾杯が終わると、客は松阪牛、伊勢海老、あわび、大トロ寿司などに殺到する。高価な料理は量が少ないので、うかうかしていると、お目当ての料理にありつけない。

パーティー慣れしている松田助教授は、次のようにアドバイスしてくれた。

「会場に入ったら、まずどこに何があるかをチェックする。そしてスピーチが始まる前に、最大の目玉である伊勢海老の横に立つ。伊勢海老を確保したあとは、松阪牛、大トロ、あわびを狙う。どの順番で狙うかは、参加者集団や料理の配置に依存する。年寄りが多い時は云々。若い人が多い時は云々。女性が多い時は云々。AとBが遠く離れたところに配置されているときは、二兎を追わない。そして、お目当てのものを食べ終えたあとは、ジャンク・フード（パスタなど）に手を出さずに、早々と退散する」と。

私はこの戦略に従ったおかげで、松田助教授が言うところの、目玉料理のすべてにありついた。

この戦略がすべてのパーティーに当てはまるかと言えば、そうでもない。会費二～三〇〇〇円の学会主催のパーティーの場合は、眼玉が存在しないからである。稀に（小ぶりの）伊勢海老が出ることがあるが、参加者一人につき、最大でも一つしか用意されていないので、二つ以上食べるのは厳禁である。このようなことをやると、口さがない連中からねちねちやられる。たかが小さな伊勢海老半分で、恨みを買うのは賢明でない。

グローブが握る寿司

「筑波三銃士」の一人である、ポルトスこと宇都宮公訓講師は、それまでに出会ったことがない破天荒な人物だった。福岡の名門・修猷館高校の出身で、広田弘毅を崇拝する独身の熱血ワセダマンは、3DKの公務員住宅で、数人のアルバイト学生と起居を共にしていた。

もう一人の同僚である、アラミスこと斎藤信男講師によれば、ポルトスは昼に食パン一斤をもぎ取るようにして食べるということだった。ジャムを塗れば、アメリカのC級サンドイッチ・ランチと変わらないが、このような昼飯を食べる奴は、家でもロクなものを食べているはずがない。

と言うわけでアトスこと私は、何回かポルトスを夕食に招いた。ありきたりな家庭料理を、おいしいといって食べてくれた。どんなものでも、この男が食べているものよりおいしいに決まっている、と思ったが大間違いだった。

ある時、アトス夫人はポルトスに握りずしを出した。食べざかりの子供が二人いるので、手で一つ一つ握っていたのでは、食べるスピードに追い付かない。そこでアトス宅では、〝すし握りマシーン〟を使っていた。

仕切りがある鉄製の容器に酢めしを詰め、蓋をして押さえつけると、お米の塊が一挙に六つ出来上がる。この上に、マグロやいかの刺身を乗せれば、六丁上がりである。ごはんがうまく炊けていて、マグロが十分厚ければ、子供たちは大満足である。

その数年後、アトスは筑波大学を去る前日、ポルトスの新居に招かれた。出てきたのは、にぎりずしだった。ネタは東京梅ヶ丘の有名店「美登利寿司」から取り寄せた極上品である。

注文すると、ポルトスがグローブのような手で、目の前で握ってくれる。その手つきは玄人はだし、と言うより玄人そのものだった。訊ねてみると、「学生時代に下宿していた、美登利寿司（！）の店主に教えてもらった」と言う。

アトス夫妻は、こともあろうにすし屋のおやじに、すし握りマシーンでにぎった寿司を食べさせたのである。ポルトスが〝疑似すし職人〟であることを知っていたら、にぎりずしではなく、アトス家名物の〝サバのまぜずし〟をご馳走していたはずだ（これは、筑波時代の最後を飾る大失敗である）。

あれから二十数年、相次いで連れ合いを喪ったアトスとポルトスは、年に何回か、昔話をしながら会食している。会食場所は、ポルトスの年来の友人であるシェフが経営する、四谷の三つ星級フレンチ・レストラン「北島亭」である。

奥さんが元気だったころのポルトスは、夫婦そろってこの店でランチを食べたあと、新宿伊勢丹で買い物をして、その帰りにまたこの店でディナーを楽しんだと言う。ざっと五万円の出費である。

子供がいないからできたことだろうが、妻に対してこのようなサービスをする機会がなかったアトスは、「北島亭」でポルトスと会食するたびに、妻の位牌に手を合わせるのである。

8　大岡山食べ物事情

おばけそば

一九八二年に、目黒区大岡山にある東京工業大学に移籍した私は、毎日駅前の「双葉」で昼飯を食べた。一階のカウンターに一二～三人、二階の座敷に二〇人くらい入るこの蕎麦屋は、中学時代以来なじみの店である。

江藤と日参した自由が丘の「藪伊豆本店」では、一杯目は三〇円のきつね、二杯目は二〇円のもりを注文した。三〇円のたぬきもおいしい。しかし、きつねには油揚げ二枚とネギが入っているのに対して、たぬきはホウレンソウと揚げ玉だけである。

きつねの上に揚げ玉を乗せた、〝たぬきつね〟そばがあればいいのになぁと思ったが、「藪伊豆本店」のメニューには、そのようなものはなかった。ところが「双葉」では、たぬきつねがキツネと同じ三〇円で食べられるのである。これが大岡山名物の〝おばけそば〟である。

きつねの上に、揚げ玉がたっぷり乗ったおばけの、とろけるような感触はこたえられない。中学時代、英語のレッスンで大岡山に行くたびに、私はこれを注文した。そしてあげ玉が入ったおつゆをぜんぶ飲み干したあと、来週また来ようと思うのだった。

ところが四一歳になって、長らくご無沙汰していたおばけに、毎日会えるようになったのである。おばけの並み盛りは、成人男子の昼飯として十分な量があった。また大盛りは、東工大のボート部員やラグビー部員でも満腹になるほどのお値打ち品である。

店屋物で、最も食べ出があるのはかつ丼だろう。スタンフォードのハンバーガーと並ぶ昼飯のチャンピオンである。しかし、筑波大学での八年にわたる運動不足が祟って、糖尿病寸前まで行った男が、昼にかつ丼を食べたら、晩飯はセーブせざるをえない。粗末なストマックを持つ夫は、妻にとって嬉しい存在ではありえない。

東工大の妙齢女性助教授が、店の奥でかつ丼を食べているのを目撃した時、おばけそばでがまんしている私は、自分をほめてあげたい気分になった（あの助教授は、二五年後の現在は、出産後のプリマ、アンナ・ネトレプコのような体型になっておられることでしょう）。

ところが、バブルがピークを迎えるころ、おばけは忽然と姿を消した。大岡山の駅前開発のため、おばけの住み家が取り壊されることになったからである。半年後に新しいビルが完成したが、待ちかねていたおばけは帰って来なかった。

代わりにやって来たのは、マクドナルド、中級和風レストラン、大衆中華料理店とスパゲッティ屋である。一本裏の通りに出店した高級ソバ屋は、同僚の間では好評だった。しかし私は、せいろ（ただのもりソバ）に七〇〇円も払う気になれなかった。というわけで、東工大に移って五年目の一九八七年以降、愛妻弁当が復活した。

食事は一人で食べるより大勢で食べる方がおいしい、というのが定説である。たしかに中華料理屋で、五～六人の仲間が回転テーブルで、ワイワイやりながら食べるのは楽しい。また飲み屋で銘々勝手に注文して、あれこれつつきあうのも楽しい。

しかし弁当についていえば、一人で食べる方が絶対にいい。なぜかといえば、弁当を見れば、それを作った人と食べる人の関係が分かるからである。

食べる人の気持ちを考えて、気合いを入れて作ったか、それとも義務だからしぶしぶ作ったかが、おかずの質や色どり、並べ方、そしてお米の詰め方を見れば分かる。お弁当を見れば、作った人の人柄までも分かってしまうのである。

愛妻弁当を他人に見せるのは、作った人、つまり自分の妻を見せびらかすようなものである。だから、特に相手の弁当が手抜きである場合は、絶対に見せたくない。おかしな奴だと思われるかもしれないが、私はそう思っているのである。

ニコニコ弁当再び

企業と同じで、弁当にもＡＡＡ級からＤ級までいろいろある。私が目撃したＤ級弁当は、白川助手が週明けに持ってくるニコニコ弁当である。少し長くなるが、それがどのようなものかを説明しよう。

『すべて僕に任せてください　東工大モーレツ天才助教授』（新潮社、二〇〇九）で紹介した通り、白川助手は週に六日大学に寝泊まりしているモーレツ人間である。研究室にこもりきりだったため、湾岸戦争が起こったことを、一週間も知らなかったくらいである。

助手時代は朝昼ともに、大岡山駅前マクドナルドのハンバーガー&コーラ。五年後に助教授に昇進してから、夜は西小山の下宿先（簡易食堂）で定食を食べていた（らしい）。しかし、一年後には無駄な出費を省くために契約を解消し、研究室のソファーベッドで夜を過ごすようになった。

そして、土曜の夕方に百合ヶ丘にある実家に帰り、月曜の朝「ニコニコ弁当」を携えて大学にやってくる。漁師の倅と違って朝と昼の分ではなく、一つ目は月曜の昼、二つ目は火曜の昼に食べるためのものである。

月曜の朝に作った弁当を、火曜の昼に食べるためには、冷蔵庫に保管しておく必要がある。ところが、白川助手の部屋には冷蔵庫がない。一方私の部屋には、筑波から運んで来た冷蔵庫がある。

国立大学では、国から支給された研究費で、〝弁当やビールを冷やす〟目的で冷蔵庫を買うことは出来ない。クーラーも、人間を冷やすためであれば購入不可である。私費ならいいのかと言えば、〝大学には私物を置くべからず〟という決まりがあるから、これもダメである。企業からもらう〝奨学寄付金〟なら買えたのかもしれない。しかし、今となっては良く分からない。

筑波大学に勤めていた時に私は、

〝工場調査を行う際には、写真を撮る必要があります。

これを現像するためには、現像液が必要です。

現像液は、冷暗所で保管しないと劣化します。

以上のような理由で、冷蔵庫が必要になりましたので、購入をお認めください〟。

という申請書を書いて、特高事務官に購入を認めてもらった。ところが正直者の白川助手は、このような嘘はつけない。

「おはようございます。すみませんが、冷蔵庫に弁当を入れさせて下さい。明日の昼に取りに来ますので、よろしくお願いします」

「明日ですか?」

「今日の分は別にあります」

「そうですか。冷蔵庫はいつでも自由に使って下さい」

「先生も今日はお弁当ですか」

冷蔵庫には、愛妻弁当が鎮座していた。

「ぼくはいつも弁当です。明日は一緒に食べましょうか。ミセスK（私の秘書）に、食後のコーヒーを出してもらえますよ。挽きたてのブルーマウンテンを使っているので、君が飲んでいるマクドナルドコーヒーとは全然違いますよ」

「それでは、お言葉に甘えて明日一二時ちょうどに来ます」

〝二人で弁当を食べるのは気づまりだが、一回くらいならいいか〟。ところが、白川助手の弁当を覗いた私はかなりびっくりした。弁当なるものは普通、おかずの部分とお米の部分からなっている。

おかず五〇％&ごはん五〇％が、AAA級の豪華弁当。おかず三三％&ごはん六七％がA級弁当。

この後いろいろあって、おかず二〇%以下はC級、内閣支持率と同じで、一〇%を切ったらD級である。

愛妻弁当は、おかず四〇%とお米六〇%のAA級で、お米の部分にはひき肉のそぼろが乗っていた。私は妻ほど澱粉好きではないが、魚沼産コシヒカリ弁当は、お米の部分も格別おいしい。

ところが白川助手の弁当は、魚肉ソーセージが三本と、お米の上に少しばかりの炒り玉子が乗っているだけだった。下に海苔が敷いてあるのかと言えば、そうでもないらしい。お米八五%おかず一五%の弁当を見た私は、白川青年と母親の関係を読みとった。

自分で弁当を作ったのかもしれない。もしそうだとすれば、たまにしか帰って来ない息子が弁当を作っているのを、見て見ないふりをしている母親は、D級マザーである。

白川博士は一言でいえば、〝めちゃくちゃ〟な男だった。助手時代は一日に一四時間勉強し、週に何回かは、築四〇年の建物の六階にある研究室の床の上で、毛布にくるまって眠る。地震の際にスチールケースが倒れてきたら、圧死間違いなしである。

お金がないわけでもないのに、朝も昼もマクドナルド&コーラで過ごす。このような生活を続ければ、健康を害することは明らかである（白川助手は、このころすでに健康を害していた）。

私は断言する。「母親に大事に育てられた息子は、けっしてこのようなことはしない」と。私の母が息子から家出結婚で復讐されたように、白川助手の母親も、息子から報復されるのではなかろうか。

こう思っていたところ、白川博士は教授に昇進して間もなく、四二歳という若さで病死してしまった。親より先に逝くのは、究極の報復である（母親は二〇一五年まで生きて、天寿を全うしたそうだ）。

世のお母さま方に言いたい。「息子の弁当を見れば母子関係が分かる。そして危険水域弁当を作ると、いつか息子に復讐されますよ」と。

私は、毎朝一〇時過ぎに弁当を食べた。それは作り主が、「傷まないうちになるべく早く食べてね」と言っていたことと、一〇時半になると、秘書のミセスKが姿を現すからである。女性秘書の前で、愛妻弁当を食べるのは（先に書いた理由で）気恥かしい。

ミセスKは、時折弁当を持ってきたが、その中身を覗いたことは一度もない。二一世紀に入って、私は自分のために弁当を作ることになるのだが、恐らくミセスKの弁当は、私の自作弁当と大差なかったのではなかろうか。

学生の胃袋

東工大に勤めるようになってから、私は年に二～三回、十数人の学生と助手を招いてホーム・パーティーを開いた。

工学部における教授と学生の関係は、物わかりがいい叔父と、働き者の甥（もしくは姪）のようなものである。もちろん気難しい叔父と、怠けものの甥というケースもある。しかし東工大に関して言えば、圧倒的に前者が多い。

標準的な東工大教授は、年に三編以上の論文を書く（中には一〇編書く教授もいる）。論文数が少ない教授は、研究仲間・同僚・学生から軽んじられる。論文を書くためには、研究成果を上げなくてはならない。研究成果を上げるためには、大学院生の協力が不可欠である。

ある高名な文学部教授は、工学部教授を評して、「(自分では相撲を取らない)相撲部屋の親方のようなものだ」と喝破したが、東工大の場合、半数以上の教授は還暦を迎えるまで、土俵に出て相撲を取っている。

学生に協力してもらうためには、教授は学生にサービスしなくてはならない。研究上のサービスはもちろん、個人的なサービスも怠るわけにいかない。

個人的なサービスのなかで、最もウェイトが大きいのは、定期的に開かれる学生のコンパ(飲み会)に出席して、費用の半分程度をポケットマネーから支払うことである。大岡山の近辺で飲み会を開くと、一人当たり三五〇〇円くらいかかる。二〇人だと七万円、その半分だと三・五万円、四捨五入して四万円の出費である。

学生は一人当たり一五〇〇円で済むわけだが、中にはこれだけの支出に耐えられない極貧学生もいる。そこで私は年に二〜三回、会費ゼロのホーム・パーティーを開くことにした。

学生相手のパーティーで最も大事なことは、満腹にさせることである。三五〇〇円の飲み会の場合、半分近くは店の利益だから満腹にはならない。しかし自宅でやる場合は、一人三〇〇〇円の予算を組めば、全員を満腹にすることができる。二〇〇〇円でも十分なくらいである。二〇人だと、アルコールを含めても五万円はかからない。

食べ足りず、飲み足りない四万円の飲み会より、五万円の満腹・銘釘ホーム・パーティーの方が、学生サービスとしては三倍の効果があると言うわけである。

六八平米の公務員住宅に収容できるのは、一五人が限度である。しかし、A君を呼んでB君を呼ばないというわけにはいかない。タダでおいしいご飯が食べられるとなれば、全員揃ってやってくる。

〝二回に分けてやるよりも、この際全員呼んでしまえ〟と言うわけで、六八平米の老朽公務員住宅は、毎回二〇人近い学生で溢れかえった。夏の間の窓を開け放しての大騒ぎは近所迷惑だった。

特に（酒を飲まない）白川助手の超ド級大声は、三〇メートル離れた向かい側のビルに跳ね返って、隣の部屋に住む厚生省高官夫人の耳にも届いたらしい。妻は翌朝、〝にぎやかで楽しそうでしたね〟と皮肉を言われたそうだ。

学生たちのストマックの大きさを勘案して、妻は目いっぱいの料理を出した。大皿一〇枚が二回転はしたはずだ。ところが、出しても出しても、皿はたちまち空になった。この結果、満杯に詰め込んでおいた冷蔵庫も空になった。

最高飲食記録は、八ヶ岳の別荘で開いた、二〇世紀最後のバーベキュー・パーティーである。三〇人を超える学生とOBたちのストマックは、五キロの牛肉、四キロの豚肉、三キロの鶏肉、二尾の大鮭のほか、五キロの野菜、四〇本のビール、一ダースのワイン、手製のケーキ（大）二個を飲みこんでも、まだ隙間があった。

六〇歳の私は、そばを二杯食べた後、豪華すき焼きに舌鼓を打ち、ネトネト晩ご飯まで食べた中学生時代を思い出して、若さとはすごいものだと、感慨にふけったのである。

贅沢になった学生

なにごとにも、始まりがあれば終わりがある。一九九二年の秋に、妻が難病を発症したため、愛妻弁当時代は終わりを迎えた。

妻は「お弁当を作るくらいなら、まだ何とかなるわ」と言ってくれたが、開学当時の筑波ならともかく、大岡山には昼飯を食べる場所はいくらでもある。こうして私は、ひところ〝東京で最も魅力的な大学食堂〟として、週刊誌に写真入りで取り上げられた、東工大の本館食堂でランチを食べることになった。

一九九〇年代の学食は、六〇年代の学食とは別物だった。三〇年前の学生は、たとえ味が悪くても、またたとえ不衛生でも、文句を言わずに食べた。学食以上に安くてボリュームがある昼飯を食べさせてくれるところは、ほかになかったからである。

ところがバブル期の学生は、とても要求が厳しかった。メニューを工夫し、衛生状態に気を配らないと学生が来てくれないので、店長は学生の意見を取り入れるため、投書箱を設置して、メニューの改善やサービス向上に努めていた。

年に一回発行される、学生の罵詈雑言をすべて無修正で掲載したパンフレットを読むたびに、私は三〇年の間に日本の学生は、食べ物を提供してくれる人に対する感謝の気持ちを失ったことを知った。

カレーやどんぶりものを渡してくれるおばさんを、〝醜いくそババアをクビにしろ〟と罵ってみたりお釣りを間違えたレジ嬢を白痴呼ばわりしたり、はたまた〝ここのハンバーグは、腐った肉で作ったものではないか〟などといちゃもんをつける。

私が見る限りでは、醜いくそババアは一人もいなかったし、レジのお姉さんも、白痴呼ばわりされるような人ではなかった。また、（ハンバーガーのM社はいざ知らず）まともな食堂が腐った肉を混ぜることはあり得ない。

〝情報操作を行っている〟と批判されることを警戒して、店長はすべてを採録したのだろう。しかし、このような非常識な投書は、ボツにすべきではなかろうか。学生が文句をつけてきたら、「編集者の権限で、言われなき中傷・誹謗は削除した」と突っぱねればいいのである。学生も、まさか公表されるとは思わないから、下品なことを書くのだ。

それはともかくとして、週刊誌で取り上げられただけあって、東工大の本館学食のAランチは、なかなかの出来だった。カキフライ、野菜サラダ、スープ、ライス（小）、コーヒーで四五〇円。カキフライ五個ではちと物足りないが、五〇男はこのくらいにしておいた方が無難である。

食堂が混雑している時は、三五〇円のカツカレー弁当、もしくは魚のフライ弁当を買って、研究室で食べた。味にこだわる秘書のミセスK（元社長令嬢の成城マダム）も、ここのカレー弁当はまずまずだと言っていた。

東工大だけではない。どこの大学の学食も見違えるほど豪華になった。私が知る限りで最も豪華なのは、東大本郷キャンパスにある「カメリア」である（虎ノ門にある「ホテルオークラ」の「カメリア」の出店だろうか）。このレストランは、結婚披露宴会場として使われることもあるという。

しかし豪華な学食を訪れるたびに、私は考えこむ。〝親のすねをかじっている学生が、このようなところで昼ご飯を食べるのはいかがなものか〟と（読者諸氏はどう思われるだろうか）。

9　日本式ホーム・パーティー

持ち回りの新年会

一九七六年一月二日、私は高校時代以来の三人の友人とともに、大田区馬込にある春山の家に押し掛けた。通産省から南アフリカの領事館に出向していた春山が、三年ぶりに日本に戻った機会に集まることになったのである。

いかに仕事が忙しくても、正月三が日くらいは休めるはずだということで、この日が選ばれたのだが、お店はどこも閉まっているから、春山の家でカレー&アルコールをご馳走して貰うことになったというわけである。

春山宅での〝カレー&アルコール新年会〟は、三年にわたって続いた。四年目になると、毎年春山夫人に迷惑をかけるのは申し訳ないということで、尾山台にある江藤宅と交代で開かれるようになった。江藤はまだ独身だったので、おふくろさんの手料理と、江藤が打った（と思っていたが、実は茹でただけの）蕎麦を食べながら飲みまくった。

この当時、〝陸の孤島〟筑波に住んでいた私は、片道二時間半以上かけて新年会に出席した。大学の同僚は、誰もかれも計算機オタクで、社会や人間のことには関心がない。毎日偏った人たちと付き合って、オタクになりかけていた私にとって、この新年会はジャーナリスト、官僚、経済評論家、証券マンなど、ふだんつきあう機会がない文系人との、貴重な交流の場だった。

東京在住のメンバーが、終電近くまで騒いでいたのに対して、私は九時になると退散した。上野発一〇時半の常磐線に乗らないと、その日のうちに家に帰りつけないからである。

八〇年代に入ると、私以外のメンバーは順調に偉くなった。通産省本省の課長になった春山には、毎朝黒塗りの車がお迎えにくるという。立教大学教授と政府関係の研究所の研究主幹を兼務する佐藤は、ジャーナリズムで引っ張りだこになり、テレビのコメンテーターとして活躍していた。

「日立中央研究所」の主任研究員を務める江藤は、リチウム電池の研究者として世界的に知られる存在になった。また毎日新聞の荒木は、新聞記者の出世コースであるワシントン特派員を経て、政治部のデスクを務めていた。一方五人目の私は、依然として筑波大学の一般教育・雑用担当助教授としてくすぶっていた。

新年会のメンバーは次第に増えて、朝日新聞の科学部次長を務めるO、労働省で初の女性課長を務めるN、日興證券のエースT、文藝春秋の名物記者M、クラレの重役候補と目されるH、東大工学部教授夫人のK、千代田化工に勤める（かつ丼弁当の）本橋の夫人などが加わった。いずれも高校で同期だった文系ピープルである。

このころになると、新年会は都内に大きな家を構える、四人のリッチマンの回り持ちになった。そしてかつてのシンプルな新年会は、大掛かりなニューイヤー・パーティーに変身した。

この当時の私は、筑波に住んでいる限りホスト役が回って来ることはない、とタカをくくっていた。〝正月二日に、都心から六〇キロも離れた陸の孤島で新年会を開くことは、金輪際あり得ない〟。

一方、都内在住のメンバーの中には、いずれ当番が回ってくることを警戒して、出席を見合わせる人が出てきた。要職に就いた、一ダースを超える〝うるさ方〟を、奥方に接待させることは避けたい、と考える人がいても不思議はない。

越中島饗宴

筑波の築六年・九〇平米の豪華公務員住宅から、江東区越中島の築二五年・六八平米の老朽公務員住宅に移住したのは、一九八三年四月である。

住宅の裏には、マルハの築三五年・魚肉ソーセージ工場があって、時折妙な臭いが漂ってきた。また真下を、後に京葉線が通ることになるトンネルが通っていたためたため、建物全体が傾いていた。ゼロメートル地帯にある、ピンポン玉がどこまでも転がっていく古アパートに、セレブたちを呼ぶわけにはいかない。

どのくらいひどかったかと言えば、アメリカの大学から東大に凱旋した医学部教授が、越中島住宅を割り当てられたことに憤慨して、一年後にアメリカにUターンしたくらいである。教授本人は日本人だから、東京の住宅事情を知っていたはずだが、夫人はアメリカ人だった（同情したくもあり、したくもなし）。

ところが経営不振のマルハは、その後間もなくソーセージ工場を閉鎖し、その跡地にバブリーな高層マンションが出現した。また、かつて怪人二十面相のアジトがあった、隅田川べりの古い倉庫群が撤去され、ビューティフルな公園ができた。これに伴って、築三〇年の公務員住宅に厚化粧が施され、かつての貧民窟は〝一見まともな〟マンションに生まれ変わった。

東京に移ってから、友人たちは高校の同期生である私の妻を、新年会に連れてくるよう迫った。一度出席すれば、そのうち当番が回ってくる。内気な妻は悩んだようだが、夫の顔を立てるために、一九八九年の新年会に参加した。そして恐れていた通り、その二年後に越中島で開催されることになったのである。

専業主婦の妻は、料理の腕には自信があった。また、三年前に開催された国際シンポジウムの際に、八人のアメリカ人教授を招待したことに比べれば、一五人の日本人の方が気楽だと言っていた。あの時は、「日本の住宅を見学させてほしい」と言うので呼ぶことにしたのだが、MIT教授に押し入れの中を覗かれたり、カリフォルニア大学教授に、「君たちはどこで寝るのか」と聞かれて往生した。

日本人が相手なら、押し入れの中を覗きこまれる心配はない。〝学生のためのホーム・パーティーの三倍の予算を組み、グレードが高い食材を使って、和・洋・中それぞれ何種類かのメニューを用意すればどうにかなる――〟。

偏差値三〇の老朽公務員住宅にお招きするからには、胃袋だけは満足させなければならないと考えた妻は、クリスマスが過ぎたころから準備に取り掛かった。夫はメニューの策定と材料仕入れに精一杯協力した。

ブリの照り焼き、焼き豚、スモーク・サーモン、ロースト・ビーフ、各種お刺身の盛り合わせ、酢豚、根野菜と鶏肉の煮物、中華サラダ、ロールキャベツ、ちらしずし、お吸い物、そして定番のカレー。足りなくなったら、高島屋のおせち料理を出せばいい。

問題はアルコールである。かつては、ビール、ウィスキー、日本酒がありさえすれば満足した男どもは、中年期を迎えて、ウィスキーからワインにシフトしていた。それも高級ワインに。

ニュースショーでコメンテーターを務める佐藤は、フランス留学時代以来、ワインに関して一家言を持つ〝うるさい〟男である。また、政府高官のポストに就いた春山も、佐藤に劣らぬ食通・ワイン通である。

更に大證券会社の取締役を務める竹村は、接待する時もされる時も、ドンペリやマルゴーが当たり前だとやら（歴史的大バブルは崩壊し始めていたが、証券業界や広告業界はまだ浮かれまくっていた時代である）。

徹底したビール党で、ジェントルマンの江藤は、ワインがなくても文句を言わないだろうが、佐藤たちと高級ワインに親しんでいるから、舌が肥えている。

欠食児童だった私と違って、子供のころからおいしい物を食べていた男たちは、コレステロールや中性脂肪をため込んで、後年、痛風、糖尿、心臓疾患に悩まされることになる。また、美食家ではないものの、大食漢の私は、医師から糖尿病一歩手前だと脅かされていた。

ワインにうるさい人たちに、どのようなワインを用意すればいいのか。パーティー会計学が普及していない日本でも、それなりのものを出さなければならない。しかしドンペリやマルゴーは、二本買えば予算枠を超えてしまう。

そこで私は、筑波地区で最高級と呼ばれている地酒の「一人娘（特級）」とビール、空港の免税店で買ったバランタインの二一年ものと、レミー・マルタンのコルドンブルーを放出し、ワインはワイン通どもの手土産を出すことにした。

足りなければ、お歳暮でもらった正体不明のワインを出すしかない（デパートが扱っている贈答品だから、一〇〇〇円以下ということはないだろうが、誠にワインの素性ほどわからないものはない）。

一九九一年一月二日に、六八平米の公務員住宅に集まったのは、三組の夫婦、六人の男性、三人の女性の一五人、私たち夫婦を併せると一七人である。

セレブたちは、予想通りマルゴーなどの高級ワインと、ファンシーなつまみを持って現れた。度肝を抜かれたのは、佐藤が差し入れた大きな罎詰めキャビアと、二キロ近くあるいくらの箱詰めである。

奥方たちは、妻に手伝いを申し出たが、妻は「娘が手伝ってくれるので大丈夫です」と辞退した。狭い台所だから、手伝ってもらおうにもそのスペースがないし、忙しく動き回っていれば、セレブたちのスノッビッシュな、〝ネギは下仁田、サバは関サバ、ワインはボルドー〟論議に加わらずに済む。

妻のサービスに対して、セレブ夫人たちは驚きの言葉を発した。娘が手伝ったとは言うものの、一五品もの料理を一六人分準備するのがどれほど大変かは、誰にでも分かるからである。妻はこの日のために、三〇年にわたる専業主婦としてのキャリアのすべてをつぎ込んだのである。このあと二日間、私は家族会計学に則り、妻と娘に大サービスした。

五年後には、二度目の登板が回ってくるはずだった。それを考慮して、特別予算を組んで、上物のお皿やカップなどを買い揃えた。皿の裏を眺めて、ブランドものかどうかを確かめる輩がいるので、十分に気と金を使ったのである。

朝のディナー

このころの私の家では、朝にディナーを食べることになっていた。「家族五人がそろって食卓を囲むのは朝だけだし、あの子（大学生の娘）に料理を教えたいので、あなた方も付き合って下さいね」という妻の言葉に従ったためである。

二〇一六年のNHKの朝ドラ「とと姉ちゃん」には、毎朝必ず全員で朝ご飯を食べる一家が登場するが、妻は「一日一回、家族全員がそろって食事をすることは、家族の結束を図る上でとても大事なことなのよ」と言っていた。

妻は、これまたNHKの朝ドラ「ごちそうさん」のヒロイン・卯のメ以子さんの母親以上に、一生懸命娘に料理を教えていた。

大体はおいしい料理が出てきたが、時折塩味が効いていないシチューや、うどんのように柔らかいスパゲッティを食べさせられることもあった。私は半年間しっかり付き合ったが、二人の息子たちは途中でエスケープした。夜遅くまで大学で実験している長男は、朝早くは起きられないという理由で。また中学生の次男は朝練があるからと言って。

私の母は、子供たちの意見を封殺した。「私が作った料理について、お前たちがとやかく言う権利はありません。文句があるなら自分で作りなさい」と。子供たちは、母の逆鱗に触れないように、何でも黙って食べた。娘が自分の母親と似た性格であることを知っている私は、何が出てきても全部食べた。

妻はお婆さんから料理を教わった。呑み込みがいい妻は、たちまち上達したらしい。また結婚後、家族においしいものを食べてもらいたいと考えた妻は、あれこれ工夫した。

後日娘が結婚して家を出たあと、夫は妻に朝ディナー・プロジェクトの成否について訊ねてみた。このとき妻は、「まずまずかしら。料理は結局、サービス精神があるかないかの問題なのよね」と言ったきり、多くを語らなかった。

ジャイアント・パーティー

越中島パーティーのあと、新年会は発散過程に入った。新たに加わったメンバーがホストを務めるたびに、高校時代に親しかった友人を招待したためである。同期生だけではない。先輩や後輩を招待する人もいた。

九〇年代半ばに、日本一の高級住宅地に、〝天文台付きの〟豪邸を建てたN氏が、二五人を超える仲間を招いて、「超」豪華料理を出して以来、新年会はジャイアント・パーティーになった。これだけ多くの人を招いて、これだけ豪華な料理を出すことができるのは、都内に大邸宅を構える富豪だけである。

一方、(天文台がない)豪邸を新築した竹村夫人は、長男のお嫁さんを動員して、自宅を改築した春山夫人は娘さんの協力のもとで、また佐藤夫人は自分が経営する銀座の料亭で、大勢の客をもてなしてくれた。

二ダースを超える参加者の中には、知らない人や気心が知れない人が含まれていた。これら人の中で理系人間は、中学時代の仲間である江藤、(早々と文転した)O女史と私の三人だけだったと言えば、読者は驚かれるのではないだろうか。

理系人間は、人付き合いが悪く話題が乏しいからだろうか。たしかに、そういうこともあるだろう。しかしより大きな原因は、日本という国では(そしてそれ以外の国でも)、理系人間と文系人間は、別々のコミュニティで過ごしていることである。

越中島パーティーの時に、私は五年後にまた当番が回ってくると思っていた。しかし、二五人ものセレブを六八平米の公務員住宅に招くのは気が進まない。〝どうしたもんじゃろう〟と悩んでいた私は、妻が心室頻拍という難病に罹ったおかげで、ローテーションから外れた。

10　会議で出る弁当

弁当が出なくなった会議

日本を代表するエコノミストである野口悠紀雄氏は言っている。「悪い会議の代表は、時間通りに始まらない会議、食事が出る会議、そして経済学者がいる会議。三つそろったら最悪だ」と。『工学部ヒラノ教授』（新潮文庫、二〇一三）の中には、〝工学部の会議は時間通りに始まって、決められた時間までに終わる。一方経済学部の会議は、時間通りには始まらず、いつになったら終わるか分からない〟という記述がある。この法則が当てはまらないケースは少数である。

私の主たる土俵である「日本オペレーションズ・リサーチ（ＯＲ）学会」は、二〇一六年現在、会員数が二〇〇〇人程度の中小学会である。二〇年前に三〇〇〇人を超えていた会員数は、バブル崩壊以降コンスタントに減り続け、今なお減少傾向は止まっていない。

定年退職を機に退会する大学教授や、勤務先の資金援助が得られなくなったために退会する企業人が増える一方、新規参入会員が増えないためである。これはＯＲ学会だけの特殊現象ではない。工学系の学会は、どこも会員減少に悩まされている。

こういうときに、アメリカの学会は大胆な合併・新規展開を行って、再生を図る。例えば、経営不振に陥った「アメリカＯＲ学会」は、長年のライバルだった「国際経営科学会」と合併して、「ＩＮＦＯＲＭＳ（Institute for Operations Research and Management Science）」という絶妙な名前を持つ新学会をつくり、劇的な復活を果たした。

しかし日本では、そのようなことは起こらなかった。重複する部分が多い「日本ＯＲ学会」、「日本経営工学会」、「日本経営情報学会」、「日本品質管理学会」などは、大同団結した方が良かったと思われるが、互いに牽制しあってじり貧への道をたどった。

ＯＲ学会の最大の収入源は、会員が支払う年会費である。個人会員は年一四、四〇〇円、法人の賛助会費はＡとＢの二種類があって、Ａは年一〇万円、Ｂは五万円である。

二〇年前には個人会員が三〇〇〇人、法人会員が約一二〇社あったから、その他の事業収入を合わせると、五〇〇〇万円近い年収があった。ところが最近は、個人会員が二〇〇〇人、法人会員が六〇社に減ったため、三〇〇〇万円に落ちてしまった。

学会首脳部は、様々な経費削減策を講じた。会報や論文誌のページ数削減、印刷経費の削減、学会事務局の縮小、事務経費の削減などなど。合併・拡大路線ではなく、独立・縮小路線である。

誤解がないように書いておくが、研究生活から引退した私はこれを批判するつもりはない。現下の社会・経済状況では、これ以外に学会が生き延びる道はないからである。

一九八〇年代後半に、ＯＲ学会の研究普及理事を務めた時、二カ月に一回の理事会は、夕方六時から本郷にある学士会館分館の会議室で開催されていた。二〇人が入る会議室を三時間借りる費用は、約二万円である。

定刻になると、一人二〇〇〇円程度の食事が出る。「上野精養軒」が提供するディナーは、スープ、メイン・ディッシュ（チキンまたはサーモンのソテー）、サラダ、パン、コーヒー、アイスクリームという、標準的なものである。会議室の使用料を加えると、一回あたりの経費は六万円、年六回で三六万円である。

一〇年後の九〇年代半ばに副会長を務めた時は、有力理事が勤めるT社の会議室を（無料で）借りて、一〇〇〇円程度の仕出し弁当を食べながらの会議だった。都心のオフィス街では、沢山の弁当屋がしのぎを削っているから、これで利益が出るのか、と心配になるほど充実した弁当だった。

一〇〇〇円弁当は、学士会館の二〇〇〇円ディナーより実質的で、時間とお金の節約になる。一回当たりの経費は二万円、年に一二万円である。

その一〇年後、二〇〇五年に会長を務めた時、会場は多数の学会員を擁するD社の会議室で、弁当は出なかった。学会の台所がここまで苦しくなっているのかと、心配になった。しかし私にとって、これは却って望ましいことだった。なぜなら、学士会館のディナーは、学食の四〇〇円ランチと大差なかったし、会議時間がその分だけ長くなるからである。

食事をしながら雑談する間に、様々な情報が得られる。しかし、多忙なエンジニアとしては、早く終わってくれる方がありがたい。

ＯＲ学会の理事の大半は、気心の知れたエンジニアである。工学部の会議が時間以内に終わるように、ＯＲ学会の理事会も大抵の場合、シャン・シャンで八時過ぎに終わった。そして会議のあとは何人かの仲間と、近所の飲み屋で一杯やった。ところが、理事の中に経済学部教授がいると、議論が長引く。

ＯＲというのは、〝数理的手法を用いて、個人や組織（企業、政府）の意思決定問題を分析し、解決に導くこと〟を目指す学問である。この定義から明らかな通り、ＯＲは経済学や経営学と密接なつながりがある。実際、第二次世界大戦直後の黎明期には、数学者と経済学者が協力して、ＯＲを育ててきたのである。

六〇年代に入ると、経済学とＯＲは袂を分かち別々の道を歩き始めた。ところが、経済学者の中には、依然としてＯＲ学会に足場を持つ人がいた。

経済学者は、原理原則を大事にし、細かいことまでゆるがせにしない生き物である。これは尊敬に値する。しかし、時間をやりくりしてやってくる理事諸氏のことを考えれば、会議は予定時間以内に終わらせなくてはならない。

特に遠方（関西や九州）から来る人は、汽車や飛行機の時間が気になる。こういう時にエンジニアは、原理原則を曲げて妥協する（はっきり言えば、役に立ちさえすればよしと考えるエンジニアには、原理原則と呼べるようなものはほとんどない）。

ところが、エンジニアが最後は妥協することを知っている経済学者は、なかなか妥協しない。かくして議論は延々と続き、最後は経済学者の勝利で終わる。

一人だけでも厄介なのに、経済学者が何人もいる会議は、ディザスターである。経済学というのは不思議な学問で、Aという理論があると、その一方にノットA（Aではない）という理論がある。デフレの中で消費税を上げると景気が悪化して、日本経済は破綻するvs消費税を上げなければ財政が破綻して、その結果経済も破綻する。

TPPに参加しなければ、日本は世界から取り残されて沈没するvs参加すれば日本経済は壊滅的打撃を受ける。

日銀が国債を無制限に買い上げると、日本国は破綻するvsいくら沢山買っても何の問題もない。

極め付きは、二〇一三年度のノーベル経済学賞である。この年には、（金融資産の価格変動に関する）完全に相反する二つの理論の提唱者である、ユージン・ファーマ教授（シカゴ大学）とロバート・シラー教授（イェール大学）が共同受賞している。

三者そろい踏みの会議

OR学会の「投資と金融のOR」研究会を立ち上げた時、私は何人かの経済学者に声をかけた。彼らに仁義を切ることによって、研究活動を妨害されるリスクを減らそうと思ったためである。一年後にその努力を打ち切ったのは、彼らの協力を求めるより、エンジニアだけでやる方が効率的だ、ということが分かったからである。

一方（金融）経済学者の中にも、エンジニアの協力を得たいと考える人がいた。その一人が、高校時代の後輩であるY教授（慶応大学）である。私は工学部の教えの第四条、〝信頼すべき仲間から頼まれたことは、特別な理由がない限り断らない〟の原則に従って、Y教授が中心になって設立した新学会の理事を引き受けた。

Y教授は、「エンジニアにも声をかけるつもりだ」と言っていたので引き受けたのだが、蓋を開けてみれば、エンジニアは一人だけという、完全アウェー理事会だった。

会長は、政府の金融審議会会長を務める中央大学法学部のK教授。最高顧問は、政府の税制審議会の会長を務めた千葉商科大学のK'学長と、三菱総合研究所のM会長の二人。出身学部は違うが、経済学者もしくは経済評論家の範疇に入る人で、その脇を固めるのは、慶応や早稲田の若手経済学部教授・助教授である。

二カ月に一回開かれる理事会では、かなり豪華な（二〇〇〇円くらいの）弁当が出た。ＯＲ学会の理事会の場合、六時に始まる食事は三〇分程度で終わった。あらかじめウェイターに、この程度の時間で終わるペースで料理を出すよう頼んでおくからである。

ところが、弁当には時間の縛りがない。若い理事は一〇分もあれば食べ終わる。ところが七〇代の長老たちは、雑談を交わしながら（喉に詰まらないように）ゆっくり食べる。大御所だけあって、彼らの言葉は含蓄に富んでいる。取り巻きの若手経済学者が、長老の言葉に相槌を打つ。このため、気を良くした長老たちのご講話が延々と続く。会議が始まるのは、早くても定刻一時間後である。

弁当が出る会議、経済学者がいる会議、時間通りに始まらない会議の三役揃い踏みである。

一部のメンバーだけに弁当が出る会議

次は、一部のメンバーだけに弁当が出る奇妙な会議を紹介しよう。予約した人の分だけ弁当を注文するのかと言えば、そうではない。

政府の外郭団体（仮にX研究所と呼ぶことにしよう。このような研究所は、役所ごとに霞が関周辺に一〇か所近くあると言われていた）がオーガナイズする研究会は、民間人には弁当が出るが、役人には出ない。そこで役人たちは、民間人が弁当を食べ終えたころを見計らって部屋に入ってくる。食べ終わらないうちに顔を出すと、会場に気まずい空気が流れる。

このようなことになったのは、大蔵省の役人が起こした〝ノーパンしゃぶしゃぶ接待事件〟以来の、ジャーナリズムによる役人たたきのせいである。

政府はこの批判にこたえるため、〝公務員が接待を受けることを全面禁止する〟という通達を出した。たかが一〇〇〇円程度の弁当を食べても、この通達に引っかかるというわけである。

私は国家公務員であるにもかかわらず、民間人である私立大学教授とともに、素知らぬ顔で弁当を食べた。一〇〇〇円程度の弁当を食べただけで接待を受けた、と思う国民はいないだろう。しかし賢い役人は、弁当を辞退することによって、（以下に説明するような）より大きな権益を守ったのである。

この研究会を主宰するX研究所には、専任研究員はほとんどいない。いるのは役所から天下った理事長と四～五人の理事、そして二人の研究員と秘書である。

彼らのビジネスモデルは、以下の通りである。理事たちが、古巣のお役所から研究委託を受け、それをかねてから懇意の大学教授（有力大学の御用学者）にマル投げする。マル投げされた教授（委員長）は、あちこちの大学の若手研究者に声を掛け、月に一回、合計六回ほどの研究会を開催する。

研究会と言っても、委員が一時間ほど話をして、他の委員がコメントする程度のカジュアルなものである。委員手当ては、一回（二時間少々）あたり二万円から三万円だから、六回だと約一五万円になる。六回の研究会のあと、各委員が分担して報告書を書く。原稿料は一枚当たり三〇〇〇円だから、四〇枚書けば一二万円。委員謝礼と合わせると約三〇万円。研究会を三つ掛け持ちすれば一〇〇万円になる。何でもござれの経済学者にとって、研究会を三つ梯子するなど朝飯前である。若手助教授にとっては、大学からもらう給料の一五％を超える副収入である。

委員長がイントロダクションを書いて、事務局に提出する。事務局は、これをそのまま印刷・製本して、依頼元の役所に提出する。研究所の仕事は、これでおしまいである。この報告書を読むのは、依頼元のお役人（二人か三人？）と何人かのヒマ人である。中には立派な報告書もあるが、大抵は書き流しだから、読んでも得るところは少ない。

ところがこのプロジェクトには、役所からおよそ三〇〇〇万円程度の研究委託費が出ている。委員長謝礼が一〇〇万円（このあたりの数字はよく分からない）、委員謝礼が六人分で一八〇万円、印刷費が仮に二〇万円とすると、総経費は高々三〇〇万円である。

一〇個の研究会があれば、委託金が三億円、必要経費が三〇〇〇万円。残りの二億七〇〇〇万円は、都心の一等地にあるオフィスの賃貸料と理事の給料で消える。二〇個の研究会をオーガナイズすれば、収入は五億円を超える。

かくして理事長は二〇〇〇万、理事も一〇〇〇万円を大幅に上回る高給をエンジョイし、三年後に退任するときには、一億円近い退職金を手に入れる。退任したあとは、別の外郭団体に移籍する。世に言う〝渡り鳥〟である。

若いころこの種の機関に勤めていた私の秘書によれば、某政府外部団体の理事たちは一〇時ころ出勤して、いくつもの新聞を隅から隅まで読み、昼前に秘書を連れて食事に出かける。食事の後は、時折古巣の役所に顔を出して現役役人に挨拶し、四時前には帰宅したということだ。

また某研究所の理事長は、エッセイの中で、〝毎朝のハイヤーを断って、中野にある自宅から霞が関まで徒歩で通勤している〟と書いていた。中野から霞が関までは一〇キロくらいあるから、片道二時間半はかかる（勤務先に到着するのは、一一時ころだろう）。ハイヤー代を節約したことと、独特の健康維持法を自慢したかったようだが、はてさてこの人の時給はいくらだったのでしょうか。

このような研究所がいくつあるのかは知らない。仮に各省庁ごとに五つずつあるとすれば、全体で五〇以上である（もしかすると、一〇〇くらいあるかもしれない）。一か所につき五億円の税金がかかっているとすると、五〇か所でも二五〇億円である。

役人は若いころから、天下り先を考えている。彼らは、退職後の年収二～三〇〇〇万円の利権を守るために、一〇〇〇円の弁当を辞退しているのである。

民主党は政権を獲得した時、事業仕分けで無駄な組織を廃止した上で、天下り、渡り鳥などを撲滅すれば数兆円のおカネが浮く、と主張した。たしかにその通りなのだが、(頭がいい)役人とのバトルで腰砕けになり、この利権は生き残ってしまった。

11　食べる人から作る人に

食べ歩き

一九九二年に発症した妻の心室頻拍は、薬のお蔭で小康を保っていた。月に一回、六本木の「心臓血管研究所病院」で診察を受けたあと、日本橋や築地界隈でランチを食べた。銀座「天一」のてんぷら定食、築地「宮川」の鰻重、築地「すし岩」の握りずし、日本橋「たいめいけん」のハンバーグやオムライスなど。

一流店でも、ランチタイムは一人当たり一〇〇〇円少々で済む。開店とほぼ同時に店に入り、混み始める頃に出る。そして一旦家に戻り、午後は大学に出る。月一回の病院通いは、月一回のデートでもあった。また、しばしば大泉の別荘や、伊東にある会員制のホテルに出かけて、あちこちのレストランでおいしいものを食べた。

妻のお気に入りは、ホテル・オークラの「桃花林」、帝国ホテルの「ラ・ブラスリー」、築地「宮川」、そして伊豆高原の和食「和むら」である（夫も概ねこの意見に同意する）。

「桃花林」、「ラ・ブラスリー」、「宮川」は、ご存じの方が多いと思われるので、ここでは「和むら」について紹介しよう。

伊豆半島の東側を走る国道一四〇号線の、天城高原に入る交差点を超えて、最初の信号を左に入ったところにあるこの店は、四～五〇人の客を収容することができる大きな店だが、いつも満員である（開店と同時に行くか、あらかじめ予約しておいた方がいい）。

三〇〇〇円程度の定食（てんぷら、刺身、とんかつ定食など）は、どれもボリュームたっぷりであるが、特に〝ピンと立ち上がった〟伊勢エビフライ定食は絶品なので、ぜひ一度ご賞味いただきたい。

妻は小食なので、半分食べるのがやっとである。そこで残った分は、お店が用意してくれるパックに詰め込んでホテルに持ち帰り、夕方私が食べた。

われわれは、少なくとも二〇回は「和むら」に通ったはずだが、一九九六年に妻が二つ目の難病を発症してから、ここを訪れることはできなくなった（店の前にある、二〇段ほどの階段を登ることができなくなったためである）。

この後三年間、週に三回車で妻を北千住の病院に連れて行き、六時過ぎから約一時間の点滴に付き添ったあと、近所の洋食屋、お好み焼屋、天ぷら屋などで晩ご飯を食べた。

違いが分かる女

このころの妻は、朝は決まって「銀座ダロワイヨ」のアングレーズ・トースト一枚と、フォーションのアップル・ティー、ソーセージ、チーズ、ヨーグルトなどを食べていた。

私は、〝スーパーで売っているパスコのパンはいまいちだが、「サンジェルマン」の食パンは十分おいしい〟と思っていた。ところが上には上があるもので、たまたま「銀座ダロワイヨ」で買った、イギリス式の山型食パン（一斤四〇〇円也）のトーストが、妻のお気に入りになった。

妻の〝値千金の笑顔〟を見たい私は、いつもアングレーズを切らさないように努めた。週に一回、大学からの帰りに有楽町駅で下車して、みゆき通りを渡り、銀座通りを右に曲がってすぐのところにあるお店（お分かりでしょうか。その後、南に七分ほどのところに移転しました）で、二斤をそれぞれ八枚にスライスして貰った。

一斤を冷蔵庫にしまって、残りの一斤を冷凍庫に納める。妻は毎朝一枚、時折午後にもう一枚をトーストにして食べる。一〇日ほどでストックがなくなるので、その前に補充するのだが、夕方遅くなると売り切れている。

そこで、帰りが遅くなりそうなときは、昼休みに「自由が丘ダロワイヨ」でアングレーズを買った。ところがそれを食べた妻は、「いつもと何か違うわね」と呟いた。

その時は、〝たまにはそういうこともあるだろう〟と思ったが、二度目も三度目もそうだった。同じダロワイヨの、同じアングレーズに違いがあるはずがない。しかし気になったので、銀座のお店でなじみの店員さんに訊ねてみた。

「家内がこちらのアングレーズと、自由が丘店のアングレーズは味が違うと言うのですが、そんなことはあるでしょうか」

「さすがですね。どちらもレシピは同じなのですが、ここでは自由が丘店とは違う窯を使っていますので、分かる方には分かるようです」

「そうなんですか。ところで、その違いが分かる人は大勢いるのでしょうか」

「私はここに四年勤めていますが、奥様が三人目です」

ここまで区別がつくのは、かなりのパン・オタクである。

妻が昼にどのようなものを食べていたかは知らない。このころはまだ買い物に行けたし、自分で料理を作ることができたからである。

晩ごはんは、点滴がある日は病院からの帰り道に、天ぷら一筋五〇年のおやじが経営する「前山」、(錦糸町では)評判の中華料理屋「泰山」、(亀井静香とのツーショット写真が自慢の)老マダムがいる「那須野食堂」などに入った。このころの私は、妻と毎週三回〝デート〟していたわけだ(病気になる前は、妻と外食するのは月に一~二回だった)。

澱粉好きの妻は、「桃園」のお好み焼きも好きだった。しかし、店主がお好み焼きの〝正しい焼き方〟をレクチャーして以来、足が遠ざかった。粉と具をかき混ぜたものを鉄板の上に乗せて焼き、適当なところでひっくり返す。ここで全体が均等に焼けるように、へらでパンパンとたたく。ところが店のおやじは、そのようなことをしてはいけない、とのたまう。放置した方がふんわり焼きあがるのというのだが、私は均等に焼けている方が重要だと思っている。

最近は、つゆの飲み方まで指南するラーメン屋の〝ゴーマン〟おやじがいるらしい。しかし、ラーメンやお好み焼きのような大衆食品の食べ方について、ごちゃごちゃ言われたくない。

デートがない日は、大学からの帰り道に、妻が好きなものを見つくろった。にぎり寿司、うなぎ、エビフライ、天丼など。夫はアジフライ・ライスと、妻の食べ残しを食べた。前日の一・五人分と翌日の〇・五人分を足して二で割ると、ちょうど一人分になる。これでも肥る私は、週末の二日のウォーキング（三万歩）で、体重をコントロールした。

点滴と熱心なリハビリにもかかわらず、妻の運動機能は徐々に衰えていった。そして、二一世紀に入って間もなく、リハビリ中に転倒して股関節を脱臼したのが原因で、車いす生活になってしまった。

結婚して以来四〇年近く、〝あなた作る人、わたし食べる人〟という言葉の通り、私は食べる専門家だった。日本では〝食べるだけの夫〟は、妻に嫌われるそうだ。しかし、アメリカでの良い夫の条件は、一にストマック、二にストマック、そして三、四がなくて五にストマックだと言われていた。つまり妻が作ったものを何でもパクパク食べて、皿洗いに協力するのが、いい夫なのである。

ところが六二歳にして立場は逆転し、〝わたし作る人、あなた食べる人〟の時代がやってきたのである。

わたし作る人

私が自分で食事を作ったのは、母に捨て児された小学生時代の一年間、ウィーンの「国際応用システム分析研究所」で出稼ぎしていた半年間、そして一九七九年にアメリカのパデュー大学で、客員准教授を務めていた四カ月間だけである。

ウィーン単身生活時代は、米国式の〝肉々しい〟ホット・ランチで、一日分のカロリーが足りたから、朝はヨーグルトとベーグル、夜はソーセージとワイン程度で済ませた。オーストリアのソーセージは、（ブルート・ヴルスト以外は）どれも安くておいしかったが、中でもチーズ入りボローニャ・ソーセージは絶品だった。

ウィークエンドには、時折チャーハンを作った。（長ネギは手に入らないので）玉ねぎとハムもしくはベーコンを炒めたものに、イタリア米ご飯を混ぜて、その上に永谷園の「チャーハンの素」をまぶしたものである。

これは、スタンフォード時代にティムが勧めてくれた、〝ごはんの上に、キャンベルのマッシュルーム・スープをかけたもの〟よりはおいしかった。アパートをシェアしていたイタリア人のニーノ青年も、ベリーグッドだと言ってくれた。しかし、これを〝料理〟と呼ぶのはおこがましい。

なお倹約家のニーノは、月曜日の朝に作ったブロッコリー入りのルーを、これまた月曜にゆでたスパゲッティにかけて、月、水、金の彼女（全員別人）にご馳走していた（私は女が来ると、ワンブロック先にある「ウィーン国立歌劇場」でオペラを見物した）。

パデュー大学で過ごした時は、アパートをシェアしていた一〇歳年上の山本教授（法政大学）が、いろいろな料理を作ってくれた。バスのムニエル、トマト・シチュー、豚肉のソテー、鳥の照り焼き、スコッチ・エッグなどなど。週に一度しか入荷しない、五大湖産の（重金属まみれの）バスのムニエルは絶品だった。

山本教授は、昭和二〇年の東京大空襲で両親をなくしたため、六人きょうだいの長男として、家事すべてを取り仕切り、弟妹たちの弁当まで作っていた苦労人である。新婚時代のわれわれ夫婦と同様、サバには大変お世話になったと言っていた。結婚してからは、奥さんに任せていたそうだが、包丁さばきの見事さと、味付けのすばらしさに私は唸った。

ステーキは塩コショウして包丁で筋を切る、ということや、スパゲッティの茹で方について知ったのはこの時である。もっと教わっておけばよかったのだが、私の分担は（少年時代以来得意な）買い物と皿洗いだった。

何でもよく食べる〝ストマック男〟に向かって、山本教授は言った。「あなたみたいな食いしん坊は、見たことがないねぇ」と。食糧不足の時代に育ったせいで、私は超がつく食いしん坊だった。しかしそれ以上に、食べ物を残す（捨てる）のがいやだったのである。

妻は半年がかりで、大学生の娘に料理を教えた。また長男が筑波の研究所に勤めることが決まった時も、料理の基本を教えた。ところが夫には、何も教えてくれなかった。教えてもムダだと思ったのか、それとも夫には生活力があるから、必要になれば適当にやると思っていたのだろうか（妻の判断はいつも正しい）。

かつて妻に、「今日は何が食べたい？」と訊かれた時に、「なんでもいいよ」と答えると、不機嫌そうな表情で「何か言ってよ」と催促された。ベテラン主婦にとっては、メニューを考える部分が一番面倒なのだそうだ。

作る人が面倒なら、食べる人もメニューを考えるのは面倒である。そこで、カレー、八宝菜、ハンバーグなど、ありきたりなものを所望すると、妻は嬉しそうな表情を見せた。

美食家の佐藤は、ルーを使った春山夫人のカレーにバツ印をつけた。しかし私にとっては、ハウス食品のジャワカレー（中辛）のルーと、ＳＢ食品のゴールデンカレー（中辛）のルーを、二対一の割合で混ぜ合わせて作ったカレーは、東大正門前の「万定」に匹敵するおいしさだった。

東工大を停年退職するときのパーティーで、「これからは料理をやるつもりだ」と宣言した私に対して、一〇人の学生が包丁セットとおしゃれな割烹着（〆て一万円也）を贈ってくれた。

作る人になった夫は、食べる人になった妻に、何が食べたいか訊ねた。返ってきた答えは予想通り、「なんでもいいわ」だった。そこで、食べる人が食べてくれそうで、自分に作れそうなものを列挙してみた。

カレー、トマト・シチュー、スパゲッティ・ミートソース、サバの味噌煮、たぬきそば、かつ丼、親子丼、うな丼、ビフテキ、チャーハン、ビーフ・シチュー、ハヤシライス、五目焼きソバ、フレンチ・トースト、ホットケーキ……。

この中で一番簡単なのは、うな丼である。デパ地下で宮川の高級蒲焼きを買ってきて、チンして温めたものを炊き立てのご飯に載せて山椒をまぶし、豆腐と油揚げのみそ汁を添えれば出来上がりである。

次に楽なのはビフテキである。一〇〇グラム七〇〇円以上のヒレ肉を買ってきて、塩とコショーを振りかけて包丁でたたき、三〇分程放置してからフライパンで焼く。焼き方を工夫すれば、よりおいしく食べられるかもしれないが、ビフテキは焼き方より肉である。妻もこの点については同じ意見だった。

買い物に行くのが嫌いな私の母は、御用聞きが勧める上等な肉や魚を言い値で買っていた。「私の料理は、材料がいいからおいしいはずです」が母の口癖だった。当時は材料より腕だと思っていた私は、今では母の言葉に五〇％同意する。

問題は、付け合わせである。普通であれば、レタスとトマトのサラダとスープを添えればいいところだが、妻は生野菜が大嫌いである。レストランで食事するとき、サラダはいつも夫が二人分食べていた。

そこで添え物としては、総菜屋で買ってきたポテト・サラダ、もしくはマカロニ・サラダをつけることにした。うな丼とポテト・サラダはミスマッチだが、これがなかなか好評だった。

おいしくて最も安上がりなのは、親子丼である。小学生時代に父のために作った時は、「桃屋のつゆ」は手に入らなかったし、みりんもなかったので、醤油に砂糖を混ぜた。しかし、砂糖の量が少なかったせいで、とてもしょっぱい親子丼が出来上がった。そのうえ、卵も鶏肉も高価だったから、一人当たり卵（小）が一つ、鶏肉もチョビチョビの貧相なものだった。

しかし今や、卵と鶏肉は安い食べ物のチャンピオンである。東工大ヒラノ教授のベトナム人助手は、鶏肉・卵・バナナの三点セットで食費を節約し、三年間に貯めたお金でハノイに三階建てのお城を建てた。

鶏肉のささみを、「桃屋のつゆ（特製）」で煮込み、卵二個にまたもや桃屋のつゆを混ぜ、みつ葉を加えて固まらないうちにガスを止める。炊きたての魚沼産コシヒカリごはんに、これをかければ出来上がり。安くて簡単で、〝かなり〟美味しい。

しばらく前に、〝日本で一番おいしい親子丼を食べさせる〟と称する神田のお店で、友人たちと会食したことがある。どれほどおいしいのかと思いきや、自分が作ったものと大した違いはなかった。そもそも、親子丼なるものは、お好み焼きやラーメンと同様、日本一とか何だとか言うような、大仰な食べ物ではないのである。

巷では、〝おかあさんやすめ（オムレツ、カレー、サンドイッチ、焼きソバ、スパゲッティ、目玉焼き）〟が、お母さんの六大手抜き料理だと言われている。しかし、なかなかうまくできないオムレツの代わりに、親子丼を入れるべきではなかろうか（ただしオムレツも、容姿さえ気にしなければ、簡単においしいものができる）。

なお、作ってみて分かったことは、サンドイッチは意外に面倒だということである。その上頑張ってみても、セブンイレブンには叶わない（コンビニの努力には頭が下がる）。

親子丼に比べると、かつ丼はとても難しい。揚げたての（肉が柔らかい）とんかつを使わないと、親子丼を上回るおいしさを実現することは出来ない。ところが、とんかつ揚げは手間がかかるだけでなく危険である。一方、店で買ってきたとんかつを使うと、衣がふにゃふにゃになっておいしくない。

たぬきそばは好評だった。スーパーで、二人前三〇〇円程度のなま蕎麦を買ってきて、袋に書かれた指示に従って大鍋で茹でる。それを水で少し冷やして、桃屋のつゆ（もしくはヤマキのめんつゆ）を、指示通りの倍率で薄めて温めたものをかけて、近所のソバ屋で分けてもらった揚げ玉と、茹でたホウレンソウを乗せれば結構いける。

これに油揚げを足すと、おばけそばになる。大岡山駅前の「双葉」が店を閉じて以来、一〇年ぶりにおばけを食べて堪能した（よく出来ていたが、妻にはシンプルなたぬきのほうが好きだった）。

料理はものづくりである

あちこちに書いたとおり、私はエンジニアとしての基本的素質を欠いていた。小学生時代、図画・工作は全く駄目だった。凧は上がったためしがないし、少年雑誌の懸賞で手に入れた船の模型も、水に浮かべた途端に沈没した。母によれば、父も絵や工作がへたくそだったそうだ。

一方の兄は、絵も工作も上手だった。料理はへたくそでも、ミシン掛けや手芸が上手な母の素質を受け継いだのだろう。しかしこの兄は、家事なるものは一切やらずに七八年の歳月を過ごしたため、奥さんが突然脳梗塞で倒れてからは、まことに気の毒な生活を送っている。

工学部に入ってから、機械工学や電気工学の〝理論〟は分かったが、実技は駄目だった。二次元の図面をもとに、三次元のラジオを組み立てる課題には七転八倒した。

そのようなわけで、私は学生時代以来、ものづくりエンジニアに対して、劣等感を抱いて暮らしてきた。そのような男が、日本のＭＩＴと呼ばれる東工大の教授になったのは、まことに不思議な巡り合わせである。

エンジニアとしての素質がない男が、至近距離から見る東工大のスーパー・エンジニアは、神様のような人たちだった。劣等感をひた隠しにして一九年を過ごした私は、定年退職したあと食事づくりをするようになって、五〇年に及ぶ劣等感が少しばかり薄らいだ。

東工大教授は、モノづくりのチャンピオンである。しかし彼らの大半は、こと食事に関しては、作る人を経験することなく、食べる人として一生を終えるはずだ。彼らがどう考えるかはともかく、料理は紛れもないモノづくりである。

最近は、仕事に熱中し過ぎて、定年と同時に離縁される熟年教授が相当数いるという話だが、機械や電気のような高級なことをやってきた人が、料理のような〝低次元な〟ことを、本気でやるとは思えない。

おそらく彼らは、一人暮らしになったあとは、毎日コンビニ弁当やレトルト食品（のようなもの）を食べて暮らし、短命に終わるのではなかろうか。一方奥さんが健在な退役エンジニアは、作る人を志願したりはしない。

一方、妻の病気のおかげで、ものづくりエンジニア・コンプレックスから脱け出した私は、まともな食生活のおかげで長生きできるはずだ。その上作る人には、食べる人がお皿を空にしてくれる時に味わう満足感がある。

これに匹敵する達成感を感じるのは、レフェリー（編集者）の細かい審査をくぐり抜けて、論文（または本の原稿）が合格になった時くらいである。一つの論文（一冊の本）を書き上げるためには、最低でも三カ月（六カ月）くらいの時間がかかる。合格通知が来るのは（来るとしての話だが）一年後である。ところが、親子丼は二〇分で仕上がって、五分後には合格通知が来る。

決して口にはしなかったが、何を出しても「おいしい、おいしい」と言って食べるストマック男を夫に持つ妻は、毎日論文（本）が合格になるのと同じくらい幸せだったのではなかろうか（食べてくれる人がいなくなったあと、自分一人のためだと、何を作っても達成感を覚えることはない）。

私の母は、何年も料理学校に通ったのに、料理が上手にならなかった。一方妻は、一度も正式に料理を習ったことがなかったにもかかわらず、おいしい料理を手際よく作ってくれた。特にサバのまぜずし、ロールキャベツ、中華丼、トマト・シチューの四つは、どこのお店で食べるものよりおいしかった。

最近亡くなったアメリカの歌姫ドナ・サマーは、ジミー・ウェッブとリチャード・ハリスの名曲「マッカーサー・パーク」の中で、母親が作ったケーキのレシピが失われた悲痛な思いを歌っている。私はサバのまぜずしと、中華丼の作り方を教えてもらわなかったことを、深く悔やんでいる。

尊敬するN教授（慶応大学）は、「幼くして亡くなった弟の思い出は、母が作ったロールキャベツと、精養軒のアイスクリームに重なる」と言っていた。そうなのだ。愛していた人の思い出は、一緒に食べた物とつながっているのである。

毎週土・日の昼に料理を作ったおかげで、次第にメニューが増え、手際よくあれこれ作ることができるようになった。

　私が所属していた経営システム工学科のカリキュラムには、「工程管理」という科目がある。ものづくりを行う際に、どのような手順で作業を行えば、最も早く製品が仕上がるか、を扱う科目である。

　ほんの少しの工夫でも、かなり時間が短縮されることがある。日本の製造業は、このような工夫を徹底的に行った結果、世界に冠たる生産性を実現したのである。料理はものづくりの一種だから、折角の専門知識を取り入れなければもったいない。というわけで、料理の〝手際〟は見る見る良くなった。それに伴って、料理の〝腕〟も上がった（ような気がする）。

　チャーハンや親子丼を食べるたびに、妻は「随分腕が上がったわね」と言ってくれた。作る人はとても幸せだったが、幸せな月日は長くは続かなかった。病気が進行するにしたがって、妻の食欲が落ちていったからである。

　かつては、空になったたぬきそばや親子丼を、半分ほど残すようになったし、大好きだった握りずしも、マグロ、玉子、エビくらいしか食べてくれなくなった。

「ごめんなさいね。今日は食欲がないの」

「運動量が減ったせいだね。これから少し量を減らすね」

　悲しそうに頷く妻を見ながら、私はスタンフォードでのストマック伝説を思い出したのでした。それでもこのころはまだよかった。妻はお箸が使えたし、半分くらいは食べてくれたからである。

おかずの宅配

自分で料理が出来なくなった妻は、昼はセブンイレブンの宅配おかずを利用していた。何十種類かのメニューの中から二つ三つを、一〇〇〇円以上になるように組み合わせて、前日に注文しておくと、一二時前後に（無料で）届けてくれる。食べたことがないのでよく分からないが、妻は値段の割にはまずまずだと言っていた。

問題は、配達時間が不正確なことである。一二時に頼んでおいても、道路事情の関係で、一五分遅れたり一〇分以上早く来ることがある。これは車いす生活者にとって、とても不都合なことである。

セブンイレブンに苦情を言ったところ、不可抗力なので我慢してくれないかという。我慢できなかった私は、即座に契約を打ち切り、自分が昼のおかずを用意することにした。時間がないので、その中身は、電子レンジでチンすれば食べられる、レトルトのカレー（新宿中村屋）、冷凍ピラフ、チャーハン（いずれも味の素）などである。

12　介護施設の食生活

要介護度三

心室瀬拍は、薬のおかげで小康状態を保っていた。ところが二〇〇二年四月に、定例検診を受けに行った病院で発作が起こり、緊急入院と相成った。心臓手術を受けた結果、妻は一〇年ぶりに不整脈から解放された。

しかし、二週間の入院生活の間に、運動機能は大幅に低下していた。その後、しばしば転倒したり物を落とすようになったため、二〇〇三年春に医師の診断を受け、要介護度二の認定を受けた。〝独立歩行は難しいが、手すりを伝われば移動できる。独力でご飯を食べることが出来て、寝返りも打てる〟。これが要介護度二の条件である。

一日につき、二時間分の介護費用が支給されることになったおかげで、毎日お昼にヘルパーさんが来てくれることになった（このおかげで、セブンイレブンの宅配サービスが復活した）。

セレジストという新薬のおかげで、難病の進行スピードは抑えられていた。それでも症状は次第に悪化し、二〇〇五年には、何とか寝返りが打てるが、手すりを伝わっても、移動することが出来なくなった。

この結果妻は、要介護度三の認定を受けた。介護補助が週二〇時間に増えたため、ウィークデーは朝九時から一〇時まで、一二時から二時まで、四時から五時までヘルパーさんに来てもらった。夫は遅くとも六時半までには家に戻り、夕食の介助、夜間と早朝の介護にあたった。

仕事との両立は徐々に難しくなったが、できる限り仕事を減らして、これから先も自宅で介護を続けるつもりだった。ところが二〇〇七年になって、二つの大事件が起こった。

一つ目は「コムスン事件」である。介護保険料の不正請求で免許停止処分を受けた最大手のコムスン社が、介護ビジネスから撤退してしまったのである。コムスンの仕事を肩代わりしたのは、それまで妻がお世話になってきた、業界第二位の「ニチイ学館」である。これを機に、過重労働を警戒したヘルパーさんが、大量退職してしまった。

ここに第二の事件が起こる。不慣れな看護師が、ベッドから車いすに移動させる際に、妻を床に落としてしまったのである。痛み止めの「ボルタレン」を投与しても、効果は二時間も持たない。医者は内臓に悪影響が出るという理由で、いくら頼んでも量を増やしてくれない。泣き叫ぶ妻と二人きりで過ごす、週末の六〇時間は地獄だった。

介護施設の給食

自宅介護に限界を感じた夫は、二〇〇七年の夏、勤務先から地下鉄で一駅先の白山に新設された、介護付き有料老人ホームに夫婦そろって入居した。

前日に頼んでおけば、朝昼晩の食事が出る。また昼を抜いて、朝と晩だけ頼むこともできる。料金は朝が三〇〇円、昼が四〇〇円、夜が五〇〇円である。

ところが病院と同様、食事時間は朝八時、昼一二時、夜六時と決まっていて、配膳されてから二時間以内に食べないと廃棄処分される。最初の一カ月は、妻のために三食、自分のために朝食と夕食を注文した。

栄養バランスはとれているはずだが、妻は朝のごはんやパン、野菜サラダ、インスタント・コーヒーを口に入れてくれなかった。また夕食の煮魚や野菜の煮物なども食べてくれなかった。かようなわけで、夫が二人分食べる羽目になった。

魚沼産コシヒカリのごはんや、ダロワイヨのアングレーズを食べていた妻に、無理やり標準米のごはんやフジパンを食べさせるのは可哀そうだし、おいしいとは言えないものを、毎日定刻に二人分食べるのは気が進まない。

そこで二か月目に入ったところで、自分の分は完全に辞退する一方、妻の分は昼食と夕食だけ頼んで、朝食は夫が用意することにした。火器の使用は厳禁なので、電子レンジだけが頼りである。

そこで、飲み込みやすく、チンするだけで食べられる物を探し回った。レトルトのおかゆ、グラタン、麻婆豆腐、（ペースト状の）マグロの刺身、鯛の刺身、完熟バナナ、イチジク、プリン、クリームチーズケーキ、ヨーグルトなど、など。

昼ご飯は、気に入っていたふりかけと、生卵を割って特製醤油を混ぜたものを、冷蔵庫に入れておいて、〝卵かけごはん〟にして食べさせるよう、ヘルパーさんに頼んでおく。また食べやすくておいしいおかずが出たときには、それを食べさせてもらう。

施設側は、すべてをペースト状にすることを提案したが、妻はそれを拒否。しかし、介護師は余り多くの時間を割くことはできない。したがって、卵かけご飯も二〜三口食べるだけだったようだ。

晩ごはんは、大学の帰りにあれこれ見つくろった。和幸のとんかつ弁当、エビフライ弁当、（成城石井の）巻きずし、近所のお寿司屋のにぎりずし、（セブンイレブンの）マーボーどんぶり、ドリア、グラタン、（天やの）天丼、鯛やまぐろのお刺身など。

しかし妻は、半分も食べてくれない。お寿司の場合は、多くても一二貫中五貫。天丼やトンカツ弁当も半分以下である。残ったものは夫が食べた。足りないカロリーは、イチジク、バナナ、プリンなどで補充した。

給食の晩ごはんは、私の翌日の弁当になった。小ぶりの弁当箱の中に、標準米のごはんと煮魚や豚の生姜炒めなどを詰める。茶碗蒸しや冷ややっこは、お寿司やトンカツ弁当の残りとともに、その場でお腹の中にしまう。

昼にきちんと食べておけば、六〇代後半の老人にはこれで十分である。しかし、白川助手のようなD級弁当を食べているところを、秘書に見つかるとまずいので、冷蔵庫の中からソーセージや塩鮭を取り出し、電子レンジでチンして弁当箱に押し込んだ。こうすればB級、悪くてもC級弁当になる。

大学に出勤する途中、春日駅で立ち食いそば、時折は「なか卯」の海鮮バラちらし、「すき家」の鮭朝食を食べ、研究室に着くと、直ちに弁当を冷蔵庫に収納し、（秘書が来る）一〇時前にチンして食べる。一〇時半から一五〇人の学生を相手に大声で九〇分間話し続けると、かなりのエネルギーを消費するから、午後になると腹が減る。

そこで学生食堂に出かけて、おばけそばを注文する。そうです、かつて大岡山駅前に住んでいたあれです。しかも、立ち食いそばと違って、生の蕎麦をその場で茹でてくれる。

客の回転を速くするためか、おつゆがぬるいのが難点である。しかし、二三〇円で食べられるものとして、これ以上のものは滅多にない。後楽園の中央大学理工学部キャンパスの近辺を訪れる機会がある方は、ぜひ一度ご賞味いただきたい（大学関係者でなくても、学生と同じ料金で食べられます）。

要介護度五

二〇〇九年一月、妻は要介護度五の認定を受けた。身体の中で、自分の意思で動かせるのは指先と、首から上だけである。言葉はよく聞き取れなくなったし、〝ぬるぬるしたもの〟しか食べられなくなった。

ぬるぬるしていて、おいしくて、栄養があるものは何か。グラタン、（たこ抜き）たこやき、イチジク、バナナ、プリン、クリーム・チーズ、マグロ刺身のペースト、鯛のお刺身、ウナギのかば焼き、麻婆ナスなどは、この条件を満たしている。

しかし大好物のイチジクは、一〇月末から四月までマーケットから姿を消す。この期間は、乾燥イチジクを電子レンジで煮たものを食べさせてみたが、ほとんど食べてくれなかった。また、かつて大好物だったウナギは、自宅で介護していた時に、毎週一回以上食べさせたため、嫌いになってしまった。

嚥下機能が衰えた妻は、何を食べるにも時間がかかるようになった。そこで考えたのは、イチジクは個別に食べさせ、ヨーグルト、バナナ、クリーム・チーズなどをミキサーに放り込んで、ジュースにすることである。

始めのうちは、これでうまくいった。しかし、毎朝二本のバナナを四カ月（合計三〇〇本！）以上飲み続けたおかげで、「バナナはもういや」と言うようになった（これだけ食べても嫌にならないのは、ゴリラとカバだけだろう）。では、バナナを外すとして、その分のカロリーを何で補えばいいのか。

栄養があって、ジュースに入れておかしくないものは果物である。ところが妻は酸味がある果物は食べない。嫌いでない果物は、イチジク、枇杷、イチゴと（酸味が少ない）インドリンゴだけである。困った夫は、カステラを入れることを思いついた。

プリン、カステラ、イチゴ、クリームチーズ、ヨーグルトでできた、ねばねばジュース！　夫は時折味見をしたが、たまに飲むには悪いものではなかった。しかし、毎日三回これを飲まされたら、誰でも嫌になるだろう。

トラベリング・プロフェッサー

二〇一〇年三月五日、妻は呼吸困難に陥った。救急車で日本医科大学・救急救命センターに運び、診断を受けた結果は、恐れていた誤嚥性肺炎だった。

医師は、気管切開以外に命を救う方法はないという。この手術を施せば、ものを食べられなくなるし、言葉も話せなくなる。ただし肺炎が完治すれば、切開した部分を元に戻すことができるという。やるべきか、やらざるべきか。一晩熟考した私は、気管切開を受け入れることにした。

「日本医大・救命救急センター」で、最高水準の治療を受けた妻は一命を取り留めたが、介護施設に戻ることは出来なかった。看護師が常駐していない施設では、夜間（二時間ごと）に痰を吸引することが出来ないので、よそに移ってもらいたいというのである。

都内には、看護士が二四時間常駐する施設はほとんどない。苦労して探し当てたのは、足立区東保木間にある介護施設だった。一階がクリニック、二階から上が介護施設になっていて、夜間はクリニックに常駐する看護師が吸引をやってくれる。

妻が退去したあとも介護施設に留まった私は、朝は四時に起床して五時に施設を出た。六時半に東保木間の介護施設に到着、九時過ぎまで妻にあれこれ話を聞かせたあと、一〇時半に大学に出勤。講義、会議、雑用をこなしたあと、四時半に大学を出て東保木間に。

妻は一日一二〇〇カロリーの点滴生活。夫は、朝は白山駅前のセブンイレブンで買ったオムスビ二個。昼は学食のおばけそば、もしくは何種類かの定食のどれか。そして夜は、近所の中華料理屋の生ビールと、野菜炒めセット五〇〇円也を注文し、施設に戻ってもう一本の缶ビールを飲んで、八時までにはベッドに入った（これでは、三食マクドナルドの白川助教授を笑うことはできない）。

13　独居寡夫の食生活

最後の持ち回り新年会

〝カレー&アルコール新年会〟に端を発したニューイヤー・パーティーは、二一世紀に入ってからも続いた。当初からのメンバーは、あれこれ健康に問題を抱えるようになったが、皆ひとまず自立した生活を送っていた。

失うものが多くなってからは、車ではなく電車で行くようになったため、酒量はさらに増えた。酒量に伴って食べる量も増えた。一晩で体重が二キロ近く増えたこともある（その後一週間以上ひもじい思いをした）。

還暦を過ぎたあと、最初からの五人のメンバーの中で必ず出席するのは、義理堅い江藤と、長老格の春山だけになった。荒木や栗林は、現役を退いた後は姿を見せなくなったし、かつては体力抜群だった佐藤も、体調不具合を理由に欠席がちになった。

二〇〇一年からの一〇年間に、私が出席したのは三回だけである。特に介護施設に入ってからは、欠席が続いた。

二〇一一年四月三日、「あなたが定年になるまでは生きていたい」と言っていた妻は、その目的を果たした三日後に逝った。死亡診断書に記載された死因は、呼吸不全だった。一〇年の余命と宣告さながらも一五年間生き続け、古希を迎えることができたのは奇跡である。

二〇一二年一月二日、独居老人は一〇年ぶりに、春山の家で開かれた新年会に出席した。年末に届いた案内状によれば、四〇年続いた回り持ち新年会は、これが最後になるということだった。欠席すれば、体調を崩した（うつ病になった）と思われる。実際、歳をとってから連れ合いを亡くし、〝孤食〟生活を続けると、うつ病になる人が多い。老人がうつになると、肺炎同様まず治らない。

収容所暮らしをしている間、しばしば落ち込んだ私は、グラス二杯のワインを飲んだ後、〝おれはうつではない〟と三回唱えてからベッドに入った。妻がいなくなった今、いつうつになってもおかしくない。ここは、うつではないことを証明するためにも、行かなくてはならない。

最終回となれば、延べ三五人のほとんど全員が出席するだろうと思ったが、この予想は外れた。越中島パーティーの参加者は一七人だった。そして最終回は、数人が入れ替わっただけで、ほぼ同数の一六人だったのである。

終身幹事を務める春山の裁量で、メンバーを制限したのか。それとも、欠席している間に自然に元に戻ったのか。公平無私な春山が、前年に出席した人に招待状を出さないことはあり得ない。途中から加わった人の中で、他のメンバーとあまり親密ではなかった人たちが、老境に入って参加するインセンティブ（もしくは体力、もしくは気力）を失ったのだ。

最近は、様々なSNSメディアから、入会のお誘いがある。〝〇〇さんのフェイスブックに参加しませんか〟、〝LinkedIn があなたの参加をお待ちしています〟などなど。しかし後期高齢者には、新しい仲間を手に入れたいというインセンティブはない。

五人で始まった〝カレー&アルコール新年会〟は、一時は三〇人にまで膨らんだ。しかし、三六年を経て越中島以前のスタイルに戻った。そして二〇一三年以降は、正月二日に原宿の「南国酒家」で、会費制の新年会が開かれることになったのである。

独居老人の規則正しい生活

わずか四日のうちに、完全失業と妻の死を体験した老人は、途方に暮れた。年をとった男が妻に死なれると、メンタル・ブレークダウンを起こすことが多い。東工大で同僚だった江藤淳教授や、中央大学のS教授は、奥さんを亡くしたあとうつ病に罹り、二～三年のうちに亡くなっている。

私も最初の三カ月は、とても体調が悪かった。頭痛、めまい、動悸、息切れに悩まされた。血圧を測ると、上が一六〇以上で、下も一〇〇を超えていた。三・一一東日本大震災の時に急騰した血圧が、元に戻らなかったのである。

最近の新聞報道によれば、上が一四七以下は正常値と判定されるということだが、一六〇なら明らかに高血圧である。そこで、ノルバスク（血圧降下剤）を〇・五ミリグラム服用し、規則正しい生活を心がけたところ、四カ月目に入ってから徐々に体調が戻った。

それ以来五年あまり、私は「東京スカイツリー」から一キロのところにあるマンションで、規則正しい独居寡夫生活を送っている。

毎朝四時に起き、顔を洗って歯を磨き、トイレに行ったあと体重を測って、一喜一憂。独居寡夫の体重は、ピーク時より五キロほど少ない。これは、週七万歩のノルマを、三〇年間守り続けたおかげである（但し医師からは、もう三キロくらい減らした方がいいと言われている）。

退職記念に大学から貰った、シャープの大型液晶テレビでニュースを見ながら、一五年前に学生たちから貰った割烹着を着て朝食の準備。

レタス、きゅうり、トマト、バナナ、アボカド、季節の果物（リンゴ、桃、かき、イチゴ、キーウィなど）に、オリーブ・オイルと胡麻ドレッシング、タバスコを掛けたサラダとヨーグルトを食べ終えたあと、血圧降下剤、ビタミンB、C、Eの錠剤を服んで、五時ちょうどにウォーキング兼買い物に出る。

徘徊老人と間違われないように、必ずリュックを背負って出かける。二四時間営業のスーパーで、売れ残りの魚やお花を買い求め、六時までに家に戻り、シャワーを浴びたあと、お花の手入れ、（一日おきの）掃除と洗濯。六時半からラジオ体操第一をやって、六時四五分にパソコンの前に座る。

一一時半になると、パソコンをシャットダウンして、昼食（後述）の用意。一二時から新聞を読みながら昼ご飯を食べ、一時になるとNHKBS、JCOM、WOWOWなどで映画を見る。

面白い映画をやっていない日を選んで、週に一回はお墓参りに行く。お寺はバスで五つ目のところにあるから、二時半までには戻ることができる。シルバーパスがあるので、交通費はかからない。

三時以降は、またパソコンの前に座り、五時半に夕方の散歩に出る。朝の分と合わせて一万歩を超えたあたりで家に戻り、テレビをつけてワインを飲みながら軽い夕食（後述）。そして、八時前に顔を洗って歯を磨き、メールをチェックして、八時半にはベッドに入る。

四時間ほど熟睡したあと、トイレに起きる。そのあともう一度眠ろうとするが、あちこちが痛くてなかなか眠れない。ベッドの中で〝のたうち回りながら〟、「FMえどがわ」というローカル局で音楽を聴き、三時になるとNHKの人気番組「ラジオ深夜便」の「にっぽんの歌・心の歌」にチャンネルを回す。絶妙な選曲と、熟年アナウンサーのセンスのいいおしゃべりに感心しながら一時間を過ごしたあと、「深夜便の歌」を聴いて四時にベッドを出る。

私は、妻がいなくなってから週に六日は、このパターンで過ごした。規則的な生活をすることで、襲ってくるさまざまな煩悩を追い払ったのである。

工学部の語り部

六七歳を回ったころ、若くして世を去った白川教授が残して行った問題が解けた。〝絶対に解けない〟と思っていた難問である。そしてそれ以来、私は研究に対する情熱を失った。〝もうやるべきことはやった〟と思うようになったのである。

知り合いの中には、古希を過ぎても研究を続け、素晴らしい成果を上げている人もいる。しかし、それは稀有な例外である。かつて世界的研究者と呼ばれた人でも、七〇歳を超えてから書いた論文の中には、後輩たちを当惑させるものが多い。

だから私は、二度目の定年を迎える七〇歳以降は、研究からきっぱり手を切ろうと思っていた。現役中に書いた論文の改訂作業や、古くからの友人の依頼で、論文の審査を引き受けることはあるとしても、新しい論文は書かないことに決めたのである。

こう書くと、潔い男だと思われるだろう。しかし、本当のことを言えば、書かないのではなく、書けないのである。独創性が乏しくなった上に、研究室も研究費も学生も、そして秘書もいない工学部名誉教授は、論文を書きたくても書けないのである（いまさら細かい活字の英文論文やTeXと格闘するのは、御免蒙りたい）。

それでは、email、ツイッター、フェイスブック、モバゲーなどで、暇つぶしをしていたのか。答えは再びノーである。

元工学部教授の大半（特に実験系の教授）は、散歩以外にはやることがない。では私は何をやっているのか。答えは、時間はかかるがお金がかからない、〝もの書き〟という仕事である。ここで必要なものは、〝分析力、編集力、虚言力〟の三つである。

若くしてノーベル物理学賞を受賞した江崎玲於奈博士（元筑波大学学長）は、〝理工系研究者の独創性は七〇歳でゼロになる。その一方で、分析力は年齢とともに上昇を続ける〟と言っている。

もちろん物書きでも、『モンテ・クリスト伯』や『レ・ミゼラブル』のようなフィクションの場合は、独創性が絶対に必要である。しかし、事実をもとにしたノンフィクションであれば、独創性は脳みその中に僅かに残っている残存物を捻り出す程度で足りる。

〝編集力〟とは、多くの素材を、〝起・承・転・結〟がある、一つのまとまったストーリーに組み立てる力で、独創性とは異なる能力である。

三つ目の〝虚言力〟とは、素材を脚色して面白い物語を作り上げる能力、別の言葉で言えば、ウソをつく能力である。この能力は各人固有のもので、嘘つきはいくらでも嘘をつけるし、つけない人は全くつけない。

小学生時代の私は、自他ともに認める嘘つき少年だった。でたらめな物語をでっち上げ、即興で友人たちを楽しませ、母を呆れさせた。嘘つき息子に手を焼いた母はいつも、「お前は生まれつきの嘘つきだから、手が後ろに回らなければいいんだけどねぇ」と言っていた。

しかし、高校受験に失敗して、それまでの生き方を猛省した男は、虚言力を押し殺して六〇年を過ごした。押さえつけられた才能は死んでしまったと思っていた。ところが、三〇〇〇年前のハスの種が花を咲かせたように、かろうじて生き残っていた虚言力に、毎日せっせと水を掛けたおかげで、再び芽を出したこの生き物は、少しずつ元気を取り戻している。

毎日八時間も書くことがあるのかと言えば、それがあるのですね。いくらでも。その内容は、工学部という「日本の秘境」を、一般の読者に紹介する仕事である（このようなつまらないことをやるのは、日本広しといえども私だけである）。

友人との会食（月に二～三回）、公の仕事（月に一～二回）、そして息子一家がやってくる時（二カ月に一回）は、もの書き時間が半分に減る。それでも月平均で一五〇枚、一年で二〇〇〇枚くらいは書ける。この中で商業価値があるもの（本の形でマーケットに出るもの）は、一〇〇〇枚程度に過ぎないが、出版不況の中では、これでもましな方だということだ。

ついでに言えば、規則正しい生活のおかげで、二〇一四年には、三〇年間一度も達成できなかった年間四一七万歩（週平均八万歩）をゲットすることができた。

〝まごはやさしい〟食生活

では独居寡夫は、どのような餌を食べているのか。

最初の三カ月は、呆然として過ごしていたためか、何を食べていたのか良く覚えていない。一人で外食したのは三回（中華ランチ、てんぷら定食、すしを各一回）だけだから、近所のスーパーやコンビニで買ってきたレトルト食品、弁当、おにぎりなどを食べていたのだろう。

規則正しい生活で元気を取り戻してからは、極力〝まごはやさしい〟食事を心がけてきた。豆、ごま、わかめ、野菜、さかな、シイタケ、芋の七種類である。

朝の標準メニューは、先に書いたとおり、サラダと紅茶にヨーグルト、時々フレンチ・トースト。昼の〝ディナー〟メニューは様々だが、その代表は（自家製）トマト・シチューとアジの開き（もしくはぶりの照り焼き）、豚の生姜焼き、野菜いため、自家製サンドイッチ、おろしそばなどである。

夜は、納豆に大根おろしとめかぶをまぜたもの、枝豆、コールスロー、チーズなどを肴にワインを二杯。一日おきにこのメニューである。これで、〝まごはやさしい〟条件が完璧に満たされる。

妻の食事を作っている間に、料理の腕は上がったと思っていた。ところが、三年半の収容所生活の間に、元に戻ってしまった。パデュー大学時代にお世話になった山本教授は、「自転車と同じで、料理は一度身につければ忘れない」と言っていたが、それは数年にわたって本格的にトレーニングした場合である。

私の場合は、とても本格的とは言えなかったし、料理の種類も限られていた。その上今では、手間をかけておいしい物を作ったところで、おいしいと言ってくれる人はいない。食べる老人（自分）が作る老人（自分）に向かって、「おいしい、おいしい」と言うのは、ボケた証拠である。

料理が嫌いな母親に育てられた私は、腐ったものや毒が入ったものでなければ、何でも食べる。嫌いなものはナスの煮もの、ナマコ、もつ煮込みくらいである。何でもおいしいと言って、よく食べるストマック男に向かって、妻は「お母様には感謝しなくちゃいけないわね」と言っていた。

このような老人のために、ファンシーな料理を作っても意味がない。

特製トマト・シチュー

最後に、上に書いたメニューでは、〝まごはやさしい〟条件は満たされないのではないか、と思われる読者のために、特選トマト・シチューとはいかなるものかについて説明しよう。

トマト・シチューのおいしさを知ったのは、パデュー大学時代に、アパートをシェアしていた山本教授にご馳走になった時である。玉ねぎと牛肉の角切りを、油とコショーで炒めたあと、ニンジン、ジャガイモ、マッシュルーム、セロリなどを放り込み、これにキャンベルのトマト・スープと水を入れて三〇分ほど煮込む。火が通ったところで、様々なスパイスを入れて味を調整すれば、出来上がりである。

トマト・シチューのうまさにしびれた私は、なべが空になるまで食べた（飲んだ）。日本に戻った私は、妻にトマト・シチューを所望した。しかし、筑波のスーパーには、キャンベルの（マッシュルーム・スープは置いてあったが）トマト・スープはなかった。数年後、越中島の輸入食料品店でこれを見つけた時の嬉しさは、今も忘れない。

ところが、アメリカでは二九セントだったトマト・スープは、三八セントのマッシュルーム・スープと同じ値段（二八〇円）で売られていた。ちょいと高いと思ったが、二つ買い求めて、トマト・シチューを作ってもらったところ、さすがは料理自慢の専業主婦。法政大学教授と筑波大学助教授の共同作品を遥かに上回るおいしさだった。

その後トマト・シチューは我が家の定番料理になった。ところがある日、トマト・スープ缶が店頭から消えていた。店長に尋ねると、あまり売れないので、販売を取りやめたという。マッシュルーム・スープであれば、マッシュルームが入っているし、クラムチャウダーならハマグリ（のかけら）が入っている。しかし、トマト・スープはトマトを煮込んで、味付けしただけである。スープのままで飲むとすれば、二八〇円は高すぎる。しかし輸入業者にしてみれば、コストの大半はアメリカから運んでくる輸送費である。

がっかりしていたところに登場したのが、ハウス食品の「完熟トマトのハヤシライス・ソース」である（ずっと前からあったのだろうか）。

もともと妻は、カレーよりハヤシの方が好きだったのだが、カレー党の家族のために遠慮していた。ところが、ある日これでシチューを作ったところ、キャンベル・スープで作ったものよりずっとおいしいことが判明した。

これを魚沼産コシヒカリご飯にかけると、道玄坂の「ムルギー・カレー」や、東大正門前の「万定」カレーに匹敵するおいしさである。特に夏の間は、カレーだと汗が噴き出すが、シチューであればそのようなことはない。

それ以来、時々食卓に登場したこの逸品は、作る人になった私の得意メニューに加わった。その中身は、玉ねぎ、（牛肉ではなく）豚肉、（セロリではなく）ブロッコリー、（マッシュルームではなく）生シイタケと様々なキノコ、ニンジン、ジャガイモ、ごぼう、トマトの缶詰、その他あれこれぶち込む。

火が通ったら、オリーブ・オイルとハウス・ジャワカレー（中辛）のルーをひとかけら加えて、出来上がりである。これに要する時間は、約一時間である。大鍋一杯のトマト・シチューは、一回では食べきれない。そこで半分を冷凍し、残り半分に一日に二回熱を加えながら、二〜三日かけて食べる。

お米について言えば、電気釜を使ったのは、三年間で五回だけである。独居寡夫には、少々割高でも「サトウのごはん」のほうが便利なのである（ある日、サトウのごはんを切らしていることに気付いた老人は、シチューを食パンにかけて見たが、これはバツでした）。

トマト・シチューはいつ食べてもおいしいが、ひと鍋食べるとさすがに飽きる。晩年の永井荷風は、一年三六五日お昼にかつ丼を食べたそうだが、この文豪は私の一〇倍以上の根気があったようだ。

シチューを食べ終わったあとは、野菜いため、豚の生姜焼き、うな丼、(東急ストアの)お寿司パック、(天下一の)焼き鳥弁当、(自分で茹でた)ざるそば&大根おろし、(自分で作った)サンドイッチやフレンチ・トースト、(味の素の)冷凍エビピラフまたは五目チャーハン、カレー・マルシェ、そしてまたまた野菜いためなどをランダムに食べる。

このような二週間を過ごしたあと、三週目に入るとまたトマト・シチューを作る。「完熟トマトのハヤシライス・ソース」のストックが残り少なくなってきたので、いつものスーパーに出かけたところ、棚が空になっていた。散歩ルートにある四つのスーパーのどこにも見当たらない。

店員に尋ねると、製造中止になったのではないかと言う。焦った老人は、隣り駅まで足をのばし、一〇軒余りのスーパーを回った。そしてついに見つけた。いつもの値段に比べると二割ほど高いが、棚に残った六つのすべてを買い占めた。

三週に一回を月一回に減らせば、半年は持つ。無くなったらどうしようかと考えていたところ、ある日、あの赤い衣装に包まれた「完熟トマトのハヤシライス・ソース」が、テレビ・コマーシャルに登場した。

しかし、ひとたび棚から撤去された商品が、元の地位を回復するのは難しいと見えて、真っ赤な服を着たカワイ子ちゃんが、毎朝出かけるスーパーに戻るまで半年待たされた。これでいつも通りトマト・シチューが食べられると思ったところに、嫌なニュースが飛び込んできた。

シチューのルーにもカレーのルーにも、かなりの油脂成分が含まれているので体に悪い、と言うのである。脂肪分が多いものは極力避けるようにしてきたが、伏兵が潜んでいたのだ。

それ以来シチューを作っても、おつゆは飲まないようにしているが、これからはキャンベルのトマト・スープ（油脂成分は入っていないはずだ）を探すつもりである。

伏兵は到るところに潜んでいる。いくつか例を挙げれば、鰹節（乾燥させる時に発がん性物質ができるので、ヨーロッパでは発売禁止になっているという）。食パンやクッキー（マーガリンが入っている）、アジの干物（脂肪分が酸化している）、コーヒー（黴が生えていると身体に悪い）などなど。

かつて、妻のために作った親子丼、（宮川の）鰻丼、おばけそば、十目チャーハンを作る機会はまだない。作るとすれば、〝工学部の語り部〟の種が尽きた時、そして妻の死の痛手が消えた時である（語り部の種は尽きかけたが、妻の死の痛手はこれから先も当分消えそうもない）。

その時は、ロールキャベツやトマト・シチューを作り、親しい友人を招いてパーティーを開こうと思っている。しかし妻の遺影に相談すれば、「やめた方がいいんじゃないの」と言うだろう。

失われたレシピ

独居寡夫は、時折妻が作ってくれた料理を思い出す。懐かしいものは沢山ある。その中で一番懐かしいのがサバのまぜずし、二番がロールキャベツ、三番が中華丼である。

中華丼ならどこでも食べられる、という人が多いだろう。しかしどこで食べても、妻が作ったものとは違う。ＪＲ錦糸町駅北口ビルにある、「ツバメグリル」のロールキャベツはかなりおいしいが、妻が作ったものには及ばない。レシピを教えてもらっておけばよかったと思うこともあるが、自分一人のために作る気にはなれないだろう。

絶対に食べられないのが、サバのまぜずしである。これを作るためには、まずとびきり新鮮で脂が乗ったサバが必要である。妻は、「これなら絶対大丈夫、というサバが見つからない限り作らない」と言っていた。

活きのいいサバを魚屋で三枚におろしてもらい、これを砂糖入りの酢でしめて小骨を抜く作業を手伝ったことがあるが、小骨を一本残らず抜くには、かなりの時間がかかった。これを細かくほぐして、五目ずしの中に混ぜるのだが、五目ずしを作るのもかなりの手間である。筍、シイタケ、人参、油揚げエトセトラを細かく刻んだ上で甘く煮て、酢飯に混ぜるにも手間がかかる。

慣れている妻でも、二時間以上かかっていたから、独居寡夫がやれば三～四時間かかるだろう。その上トマト・シチューと違って、おいしいものが出来る保証は全くない。

そこでもの書きの合間に、インターネットで〝サバのまぜずし〟を検索してみた。出てきたのは、〝焼きサバのまぜずし〟のレシピだった。米三合、だし昆布、みりん、酢、砂糖、塩、焼きサバ、しばづけ、蓮根、甘酢、青じそ、きりゴマ……。

焼きサバなら、近所のスーパーで売っているし、当たる心配もない。酢飯は、永谷園の「すし太郎」を使えばいい。というわけで早速作って見たが、出来上がったのは、妻が作ったものとは似て非なるものだった。

もっと高級な焼きサバと、もっと高級なお米を使って、（永谷園ではなく）レシピ通りに作れば、納得がいくものができるだろうか。答えはノーである。「マッカーサー・パーク」のケーキのように、妻の「さばのまぜずし」を食べる機会は、永遠に失われたのである。

やりたいことがやれるうちに

独居寡夫生活を始めてから、既に五年の月日が過ぎた。この分であれば、次の一年もあっという間に過ぎるだろう。日本の成人男子の平均寿命は約八〇年だが、厚労省の発表によれば、平均健康寿命（独力でやりたいことができる期間）は、これより九年短いと言う。

古希を過ぎた老人は、（平均的に見て）〝やりたいことがやれない九年間〟を過ごすことになるのだ（！）。しかも、今日がその境目の日かもしれないのである。

小学生のころ、私が恐れていたのは、眠っている間に心臓が止まることだった。飛び跳ねる心臓を抱えて、はたして明日の朝目が覚めるだろうか、と心配しながら眠った。

中学・高校時代に怖れていたのは、（最近またふえているという）梅毒である。家の周りを徘徊する気味悪い白髪の老女が、脳梅毒に罹った四〇代の女性だと知って以来、脳みそが腐る梅毒には絶対罹らないように注意してきた。

結婚してからは、交通事故や飛行機事故で突然死することを心配した。一億円の生命保険に入っていても、家族が暮らしていくうえで、十分とは言えないからである。ところが、後期高齢老人になってからは、突然死を願うようになった。死んでも（自分を含めて）誰も困らないからである。

これは私だけではない。同期会に集まる老人たちの話題は、〝ＰＰＫ（ピンピンころり）〟が中心である。突然死するためには、コレステロールを沢山摂取し、大酒を飲み、毎日タバコを二箱吸って、無理な運動をして、眠っている間に心筋梗塞を起こすのが一番である（まごはやさしいを心がけ、妻の心臓病を契機にタバコをやめ、ビール小瓶六本を赤ワイン二杯に減らし、ウォーキングに励む老人が、ＰＰＫの幸運に浴する可能性は小さい）。

運よく突然死しても、独居老人が腐乱死体になると、近所の人や子供たちに迷惑がかかる。これだけは避けたいと思った私は、ホーム・セキュリティー会社と契約して、新鮮なうちに死体を発見してもらうべく手を打った。

また、管につながれて生き延びないように、尊厳死協会に加入して、〝延命措置は不要〟と意思表示した（息子たちにもその旨伝えた）。

14　大下血後の食生活

突然死のチャンス

突然死のチャンスは、突然やってきた。『工学部ヒラノ教授と七人の天才たち』（青土社、二〇一三）の最終校正を終えた二〇一三年三月三日の朝、六年前のクリスマスに発症した大腸憩室が再発し、大量下血したのである。

大腸壁に出来たくぼみ（憩室）が炎症を起こし、周辺の血管が破れて間欠的に出血するのが、この病気である（化膿して腹痛を起こしても、出血には至らないケースが多いそうだ）。

六年前の時は、夜半から朝にかけて六回の出血を繰り返したため、呼吸困難を起こした。翌朝東大病院に緊急入院した時には、赤血球が正常人の三分の二になっていた。もう一回出血していれば、ショック死した可能性もあったという。

合計一六〇〇ccの輸血と、大量の止血材の点滴を受けたおかげで、四日目に出血が止まり、八日目に茶色の雲古が出た時には、白衣の天使だけでなく、神様、仏様にも感謝した。

本来は三週間入院すべきところ、妻の介護があることを理由に、四日早く退院させてもらった。退院後の心得について主治医に質問したところ、「出血の原因はよくわかっていないので、ごく普通の生活を送ればいいでしょう」とのご託宣。

その後は五年間、私は〝ごく普通〟とは言えない生活を送った。研究活動をスローダウンさせたものの、教育、雑用、介護で、年に四〇〇〇時間以上働き、普通に食べ物を食べ、お酒もそれまで同様よく飲んだ。

ところが忘れたころになって、二度目が起こったのである。一回目の時より症状は軽かったものの、この時も一〇日間の輸血・点滴生活のあと、二週間の入院生活を送った。

食べ物について特別な指示はなかったので、〝二度あることは三度ある〟と思いながらも、その後も〝ごく普通の〟生活を続けた。

食べ物は、〝まごはやさしい〟を心がけ、ビールは二缶（ワインはグラス二杯）までに抑えた。三月末に妻の三回忌を済ませたあと、四月は『工学部ヒラノ教授のアメリカ武者修行』（新潮文庫、二〇一三）の校正と、次の原稿にかかりきりになった。

この仕事が終わってほっとした〝語り部〟は、大学時代の教え子が贈ってくれた熊本名産の辛子蓮根を肴に、赤ワインで一杯やることにした。一杯で済ませようと思ったが、辛子蓮根のあまりのおいしさに、つい二杯、ついつい三杯。

翌朝はいつも通り四時に起き、サラダと紅茶の朝御飯のあと散歩に出たところで、急に便意を催した。タッチの差でウォッシュレットにたどり着いたところ、生温かい液体が勢いよく噴出した。恐らく、三〇〇ccくらい出たのではなかろうか。

慌てて東大病院に電話をかけて予約を取り、下着、洗面用具、ラジオ、携帯電話の充電器エトセトラをリュックにぶち込んで、タクシーを捕まえ、二度目の出血が起こる直前に病院に駆け込んだ。

当初の診断では、一週間程度の入院で済むだろうということだった。ところが思ったより重症で、出血はなかなか止まらなかった。どうしても止まらないときは、腸の一部を切り取らなければならないと宣告された私は、いよいよこれまでか、と覚悟を固めた。

〝出来ることなら、難病を患う娘より先に逝きたくないが、お金さえ残してやれば、自分の役割は果たしたことになる――〟。

六日目に出血が止まり、二週間で退院と相成ったが、今回ばかりは主治医も、無理なことと刺激物（辛子蓮根はもとより、アルコール、からし、ワサビ、タバスコなど）を避け、血圧を下げる薬を服用するよう指示した。

校正と原稿書きに神経を使ったのと、厚切りの辛子蓮根三切れが、出血の引き金になった可能性が高い。刺激物以外にも良くないものがあるかもしれない、と思った独居寡夫は、東工大の修士課程を出た後、苦学の末三八歳で医師免許を取った教え子に勧められたインターネット・サイトを検索した。

するとそこには、食べない方がいいものとして、脂肪分が多い物（揚げ物、いためもの）、繊維が多すぎるもの（たけのこ、ゴボウ、きのこ類、昆布、わかめ）、憩室に入りこむ可能性が高いピーナッツ、ゴマ、大豆などに加えて、トマトとキュウリが上がっていた。

これまで意識的に摂取を心がけてきた〝まごはやさしい〟七品目の食品中の五品目、すなわちマメ、ゴマ、ワカメ、シイタケ、ヤサイ（の一部）はバツだと言うのである。

脂肪分、特に酸化した脂肪が身体に良くないことは知っていた。そこで、脂肪分の中ではオリーブ・オイルがいいという説を信じて、毎朝〝高級〟オリーブ・オイルと胡麻ドレッシング、そして（少量の）タバスコをまぶした〝レタス・トマト・キュウリ・チーズ・ハム〟サラダを食べていた。

またトマト・シチューには、ゴボウ、シイタケなどのほかに、香辛料やオリーブ・オイルを沢山入れた。大腸憩室に良くないものばかり食べていたのである。

オリーブ・オイルは、植物油の中では最も身体にいいと聞いていたが、これがそうでもないらしい。太陽光に当たると、油に含まれる葉緑素が酸化して、猛毒が発生するので、古いものは避けた方がいいということだ（読者の皆様もご注意召されたい）。

ショックを受けたのは、〝健康にはリコピン、リコピンにはトマト〟という教えに従って、毎朝必ずトマトを食べていたことである。なぜトマトがいけないのかと言えば、種が憩室に詰まって、化膿を起こす原因になるからだそうだ。種と言えば、キュウリ、なす、いちごも避けた方がいいという。

アルコールは当面控えるとして、何も飲まなければ眠れないのではないかと思ったが、これは思いすごしだった。飲まなくても、八時にベッドに入れば、一〇分もしないうちに眠りに落ちた。

問題は、一〇時頃になると〝オシッコ〟信号で目が開くことである。トイレに行ったあと、一二時頃にまた目が開く。ここで日本酒かワインを二口、三口飲めば眠れるのだが、「おーいお茶」でごまかして、のたうちまわっているうちに三時を迎える。老人は四時間眠れば十分だと言われているが、ワインを飲んで六時間眠った日々が懐かしい。

四時になるとベッドから脱け出して、朝食用のサラダを作る。トマトとキュウリがダメなので、レタス、ブロッコリー、アボカド、細切りチーズ、茹で卵（白身だけ）、そしてノンオイル・ドレッシングもしくは、みつかんの味ポン。ところが、これがいまいちおいしくないのである。

定番だったトマト・シチューは、きのこ類や香辛料、油がダメだとなると、作る気がしない。チャーハンや野菜いためも、油や香辛料を使わないので△である。こうして独居寡夫の食生活は、一挙にミゼラブルなものになった。

退院一カ月後の検診までは戒律を守るとして、その後も〝まごはやさしくない〟食生活を続ければ何が起こるか。考えられるのは骨粗しょう症、栄養失調、●欲減退、加速的老化とボケ、かろうじて発症せずに済んでいる鬱症候群である（●印の中に入るのは何でしょうか）。

大腸憩室を起こさないための代償として、これほどのリスクを背負うのは賢明とは言えない。独居寡夫はじっくり考えた。

あてにならない健康情報

刺激物はともかくとして、インターネットに掲示されている情報は、信頼に値するのだろうか。そもそも〝健康にいい食生活〟に関する言説には、あてにならないものが多い。

一日三食食べないと身体に悪いvs人間は空腹なほど長生きする
肉を食べないと早く老化するvs肉は健康に悪い
砂糖を食べると肥るvs砂糖を食べても肥らない
牛乳は身体にいいvs牛乳は飲まない方がいい
毎年一回は健康診断を受けるべきだvs健康診断は身体に有害である（医者には近づかないに限る）

などなど。経済評論家と同じで、栄養学や健康な食生活の専門家は、全く逆のことを堂々と主張する。つまり彼らは、〝根拠が無くても言ったもの勝ち〟というカルチャーの中で暮らしているのである。

二〇一五年になって、驚くべきニュースが伝わってきた。アメリカで、〝コレステロールは摂取しても全く心配する必要は無い〟、という権威ある研究報告が発表されたのである。

〝コレステロールの大半は体内で生成され、食物から摂取されるのは全体の高々六分の一程度である。余分に摂取したときは、その分だけ体内で生成される量が減る。またコレステロールが不足すると、血管が弱くなる〟のだそうだ。

血圧にせよコレステロールにせよ、年々増加する医療費を節約するために、医療行政に携わる人たちが放ったプロパガンダかもしれない。しかし、これまで四〇年以上にわたって、大好きなビーフ・ステーキや卵焼きの摂取を控えてきた老人にとっては、〝あっと驚くタメゴロー〟である。

ビフテキは食べるとしても、値段が高い脂肪分が少ない部位を選んでいたし、目玉焼きに至っては、目玉を一つ捨てて、片目焼きにしたくらいである（独居寡夫生活に入ってから、少なくとも黄身を三〇〇個は廃棄した。それに伴う金銭的損害は、三〇〇〇円を超える）。

また三・一一大震災のあと、最高血圧が時折一四〇を超える老人は、四年にわたって血圧降下剤を服用し続けた。医師の処方箋代と薬代で、月々五〇〇〇円以上の出費である。四〇年間に被った損害総額はどれくらいだろうか。

話は横道にそれたが、東大の大腸肛門外科教授によれば、大腸の憩室は誰にでもあるが、どういう人がどういう時に出血を起こすのかは、よく分かっていないと言う。東大医学部教授は、その道の最高権威である。そのような人でも分からないことを、信じる価値があるだろうか。

あてにならないことを信じて、ストレスを貯め込むと出血を起こすかもしれない（大腸憩室に一番良くないのはストレスだ、という説もある）。健康に暮らすためには、刺激物以外は、すべてをほどほどに食べるのがいいのではなかろうか。

最大の問題は、刺激物の一種とカウントされているアルコールである。ビール一缶（赤ワイン一杯）くらいはいいとして、ビール二缶（もしくは赤ワイン二杯）はどうか。二缶まではＯＫなら、これまでと同じ生活を続けても問題がないということである。

そもそもアルコールは、二〇％が胃で吸収され、残りの八〇％も小腸で吸収される。だから、大腸には刺激を与えないのではなかろうか。悪影響があるとすれば、血圧が上がって、血管が切れるリスクが高まることであるが、最高血圧が一五〇を超えなければ問題はないらしい（アルコールは血圧を下げるという説もある）。

かくして、〝眠れないときには、ワインをある程度飲んでも構わない〟という結論に達した。

四回目の出血を起こしたらどうするのか、と訊かれたら次のように答えよう。

人間はいつか死ぬ。問題はどうやって死ぬかである。一番困るのは、身体は健康なのに頭が健康でなくなって死ぬことである。節制すれば身体は健康になる一方、ストレスがたまって頭は不健康になる。ストレスは万病のもとである。

節制しなくても、頭が不健康になることはあるが、そうなったときは仕方が無いので、残してあるお金で適当な介護施設に放り込んでもらうことにしよう。

回復する見込みがない病気に罹って、苦しんで死ぬのも御免である。このようなことにならないために、「日本尊厳死協会」に加入して、無用な延命措置を施さないよう手を打った。

これから先は、一日一万歩、一日（八時間ではなく）六時間のもの書き、一日一本の映画、一日二時間の読書、そして、時折気心が知れた友人とおいしいものを食べながら、バカバカしい会話を楽しむことにしよう。

そしてある日、熱中症もしくは大腸憩室を起こし、セコムに通報する間もなく気を失って、そのまま妻のもとにトラバーユする。これぞ理想のＰＰＫ（ぴんぴんころり）ではないだろうか。

こんなことを書いていたところに、後期高齢者になったばかりの友人の訃報が入った。夫婦二人でニューヨーク在住の娘一家を訪問して、あちこちの名所を回って帰国した翌日に、心筋梗塞で亡くなったという。

これぞ完璧なＰＰＫである。ところが、日ごろＰＰＫを願っていたはずの友人たちの間で、「あんなに元気だったのに、気の毒なことをした。長時間飛行機に乗ったのが悪かったのだろう」という声が上がった。彼らは、自ら願っていたはずのＰＰＫを否定したのである。

理屈の上ではＰＰＫ、しかし本音ではＤＤＮ、すなわち命の一滴が尽きるまで、〝だらだら長生き〟したいのである。かく言う私も、大出血を起こせば慌てふためいて救急車を呼び、お医者様にすがって回復を願うのではなかろうか。まことに人間は矛盾だらけである。

ＰＰＫが出てきたついでに、先ごろ〝大筋合意〟したＴＰＰに関する懸念について書いておこう（老人の杞憂だと笑われるかもしれないが）。

ＴＰＰ交渉参加にあたって、〝農産物の関税撤廃に関する、アメリカの強い要求を跳ね返すのは難しいだろう〟という一般の観測に対して、政府は、「米、麦、牛肉、豚肉、乳製品などの聖域五項目は必ず守る。われわれの交渉力を信用して下さい」と宣言した。

ところがふたを開けて見れば、重要五品目の関税は維持されたものの、国内の豚肉や酪農などは壊滅する、という見方がもっぱらである。

政府は大規模な補助金政策を発動して、これらの農家を守り、競争力がある農業を育成する方針だという。確かに、競争力がある農業の育成は大事である。しかしそれが可能なのは、ブランド肉やブランド米など一部の食料品に限られる。

一般国民が日常的に口にする食料品の多くは、海外からの輸入に頼ることになるのである。今でも国内自給率は、欧米諸国よりずっと低いが、これから先はますます低くなるだろう。

それでは、食料の安全保障はどうなるのだろうか。ここで言うのは、残留農薬などに関する食品の安全基準ではない。いつでも必ず国民が必要とする食糧が確保されるのか、という問題である。

私にとって、これまでの七六年の人生で一番辛かったのは、戦後間もないころの食糧不足である。ところが、コメどころ新潟で育った高校時代の友人（名士の倅）は、「食べ足りなかったという記憶はない。むしろ、朝鮮戦争の方が恐ろしかった」と言っていた（いつの時代でもそうだが、あるところにはあるのだ）。

一方、コメどころではない静岡で育った、公務員の倅の恐怖は食べ物がなくなることだった。〝腹いっぱいに食べるまでは、首を吊るわけにはいかない〟と思ったのは、嘘でも誇張でもない。少年の一番の願いは、腹いっぱいに食べることだったのである。

それから七〇年近く、幸いなことに食料不足は襲って来なかった。子供たちにはいつでも十分ご飯を食べさせることができたのは、とても幸運だった。

心配したのは、天候不順の影響でアメリカの大豆生産が落ち込み、輸入が止まった時である。自国の食料が不足すれば、アメリカは輸出を打ち切るという〝当たり前のこと〟を知ったのは、この時である。

グローバリズム信奉者は言う。「アメリカがだめなら、オーストラリアがある。オーストラリアがだめなら、ニュージーランドがある。ニュージーランドがだめなら、シベリアがある……。だから心配する必要はない」と。

しかしこれから先の世界では、アメリカもオーストラリアもニュージーランドもダメになることが起こりうるのである。日本では、「地球温暖化」というマイルドな言葉が使われているが、世界では温暖化より「地球的気候変動」の方が普通である。

地球的気候変動で影響を受けている地域は、急激な広がりを見せている。一〇〇年ぶりの干ばつに見舞われている南カリフォルニア、南ヨーロッパ、オーストラリアなどなど。しかもこれは、当分解消される見込みはないという。アメリカは日本にコメの売り込みを計画しているが、アメリカには輸出拡大のための生産余力はない、と言う専門家もいる。

これから先は、急激な人口増加と気候変動の影響で、世界全体が食料不足に見舞われる可能性がある。お金さえあれば、どうにかなると考える人が多いようだが、わが国のお金を稼ぐ能力は、ひところに比べるとかなり落ちている。残念ながら、これから先急回復する可能性は小さい。生産人口は減少を続けているし、高等教育への投資がますます減っているからである。

食料品価格が高騰し、資金力がなくなったら、食料不足が起きる。その日のために、食料自給力を確保しておく。これが、数々の戦争を体験してきたヨーロッパ諸国の基本方針である。

グローバル化が進めば、食糧危機はまず起こらないと主張する人に対して、私は訴えたい。〝二一世紀のわが国には、起こるはずのないことでも起こる可能性がある〟と。

15 わが友アルコール

ここまで、私の食歴を紹介してきたが、最後に飲歴について書くことにしよう。ここで言う飲み物とは、もちろんアルコール飲料のことである。

私の父は、酒もたばこも嗜まなかった。母から聞いたところによれば、若いころの父は、日本酒を一口飲んだだけで、顔が真っ赤になって、頭が痛くなったとやら。兄も弟も、父と同様酒やタバコと無縁な謹厳男子だった。母は飲めたのかもしれないが、飲む姿を見たことはない。

かようなわけで、私の家には酒もタバコも存在しなかった。戦後しばらくの間、酒とタバコの配給があったということだが、それは別のもの（米や麦）に交換したのではなかろうか。

私が最初に酒を飲んだのは、友人の家でジョニー・ウォーカー（黒ラベル）を盗み飲みした高校二年の時である。この当時のジョニ黒は、今で言えば三万円以上する超高級品だった。この時は友人の母親にしこたま叱られた（初めてタバコを吸ったのもこのころである）。

大学時代には江藤に誘われて、年に数回、美人のママさんがいる渋谷のバーに、トリスの水割りやハイボールを飲みに行った。料金を負けて貰った（なぜでしょうか）ので、四～五杯飲んだ。千鳥足で家に帰ると、玄関で待ち構えている母に、「飲んだくれのバカ息子」と罵られた。

罵声は次第に「放蕩息子、ろくでなし、意志薄弱、アル中」にエスカレートした。母は、家族の中で一人だけ酒を飲み、タバコを吸い、パチンコまでやる息子を許せなかったのだ。しかし、親子関係より友人関係の方が大事だと考える私は、いくら叱られても聞きながした。

小石川植物園で開かれた大学卒業祝賀パーティーで、大ジョッキ三杯ほどのビールを飲んで、完全に酩酊して家に帰った時の怒声は、今でもよく覚えている。

結婚してからは、酒を飲んでも叱られない身分になったが、金欠生活だったので週末にビール一本くらいしか飲めなかった。子供が生まれてからは、酒はもとよりタバコも半分に減らした。

日常的に酒を飲むようになったのは、就職してからである。しかしこの頃も、一日につきビール一本が限度だった。

酒量が劇的に増えたのは、ウィスコンシン大学に勤めていた三三歳の時である。研究がうまくいかなかったせいで、私は毎晩浴びるほどウィスキーを飲んだ。アメリカでは、日本の三分の一程度のお金でウィスキーが買える。もちろんワインやビールも安い。だから飲もうと思えばいくらでも飲めるのである。

ビールには、夜中のオシッコ問題が発生する。アメリカ産の安ワインは、翌朝ひどい頭痛に悩まされる。そこでもっぱら、スコッチとバーボンのオンザロックを飲んだ。アメリカ映画には、昼からウィスキーをストレートで飲むアル中男が出てくるが、私は夜七時ころから飲み始めて、二時間ほどでボトルを三分の一空けた。

日本に帰ってからは、家計が苦しいのでビール一本程度に戻ったが、ウィーンに単身赴任している間にまたまた酒量が増えた。ただし、今回はウィスキーではなくワインだった。地元でとれたブドウで造られたワインは、一本三〇〇円程度で買えたから、一晩で二本飲んだこともある。

しかし日本に帰ったあとは、またビール一本程度の生活に戻った。四〇歳を超えるころから、テレビから流れてくる、「週一回は休肝日を作りましょう」キャンペーンが気になったが、「缶ビール（小）六本まではアル中にならない」という、わが友江藤の理論をよりどころに、週七日ビール（大）二本を飲み続けた（ワインや日本酒と違って、ビールの場合はこれ以上飲む気になれない）。

私が記憶する限り、一度に最も大量のアルコールを摂取したのは、一九八〇年代半ばの新年会の時である。夕方五時過ぎから一〇時までに、ビール、ワイン、日本酒、ウィスキー、ブランデーを取り交ぜて、ワイン換算三本分くらい飲んだあと、二時間ほど酔いを醒まして、一二時過ぎに三人の友人を乗せた車を運転して帰った（三人を自宅まで送り届けた）。

飲酒運転の取り締まりが厳しくなる前のことだが、今考えるととんでもないことをしていたものだ。一晩にワインを三本飲んだら、次の日の夕方まで酔いは醒めない。検問にあっていれば、最低でも免許停止になっていただろう（今このようなことをやれば、同乗していた友人ともども、豚箱入りになる）。

飲み会があるたびに、妻が「あんまり沢山飲まないでね」という言葉を繰り返すようになったのは、この時以来である。

普通の場合、同僚や学生との飲み会は、二時間程度で終わる。二時間で飲める量は知れている。問題は二次会である。すでに自制心が緩んでいるから、一時間程度でそれまでの二時間分と同じくらい飲んで食べる。しかも食べるのは、焼きとりやパスタなどの高カロリー食である。三次会まで付き合って、最後にラーメンを食べたらディザスターだ。

だから私は、二次会には付き合わないことにしている（幸いなことに、工学部教授は忙しい生きものだから、二次会に誘われることは稀だった）。

問題は恒例の新年会である。五時から一二時まで飲み続けると、四次会まで付き合うことに相当する。私はいくら飲んでも眠りこんでしまうことはない。したがって、酒の量は飲む時間に比例する。

かくなる上は、なるべく遅く行って、早く抜け出すのが賢明だ。ところが、言うは易し、行うは難しで、四〇代にはなかなか抜け出せなかった。しかし五〇歳を超えて間もなく、妻が心室頻拍という難病に罹ったので、それを理由に早めに退散した。

また妻の病気に悪影響が及ぶといけないので、五二歳の時にそれまで毎日二箱吸っていたタバコをきっぱりやめた。もう一つ付け加えると、飲酒量が減ったのも、妻の難病のお蔭である。万一夜中に心臓発作が起こったら、車で病院に運ばなければならないから、余り沢山飲んではいられないと思ったのである。

「余暇開発センター」という通産省傘下の研究機関が、〝夕方五時を過ぎるとビールが飲みたくなる人は、立派なアル中です〟というレポートを発表して物議をかもしたのは、一九八〇年代初めである。

この定義によれば、日本のサラリーマンの八割はアル中である。またアメリカ人のように、昼からワインやウィスキーを飲む人は純正アル中、そしてランチに三杯のワイン、夕方にまた一本以上飲む宇沢教授は本格アル中である。

一方私は、余暇開発センターより緩やかな、〝アル中とは朝から飲むやつ〟という定義を採用している（アル中になりたくないので、私は何があっても昼前には飲まないことにしている）。

毎日ビール（小）を四～五本飲んだにもかかわらず、後期高齢者になるまで、疑似糖尿病にはなっても、アル中にはならなかった。大腸憩室に罹ったあとは、日本酒は糖質ゼロのものを二合までしか飲まないので、これから先アル中や糖尿病になることはないだろう（なっても構わないが）。

七時になるとＮＨＫのニュースを見ながら、その日の気分次第で、ビール、ワイン、日本酒、ウィスキー（もしくはブランデー）入り紅茶、トマトジュース＆ウォッカ、オレンジ・ジュース＆ジン、お湯割り焼酎などのどれかを飲み始め、予定量を超えたところでベッドに入る。夜中に目が覚めたら、枕元に置いてあるワインを二口ほど飲んでまた眠る。

それにしても全くお酒を嗜まない人たちは、夜中に目が覚めた時、どうしているのだろうか。

あとがき

二〇一四年の夏、私は九年ぶりに東京を離れた。大学時代の友人で、中央大学で同僚だった竹山名誉教授が、蓼科にある別荘に招待してくれたのである。

〝竹山山荘で一泊したあと、大泉にある私の山荘に移動し、そこでもう一泊する。長い間空き家になっている山荘には、食べ物のストックは何もないが、妻が元気だったころによく行ったレストランで適当なものを食べればいい――〟。これが当初の心づもりだった。

朝七時過ぎに吉祥寺駅前で竹山氏の車に拾って貰い、中央高速を飛ばして三時間後に蓼科に到着した。林の中に建てられた別荘に荷物を運び入れたあと、アイスボックスの中身を見て驚いた。

そこには、一〇〇グラム九〇〇円の牛ヒレステーキ（但し三割引き）、輸入チーズ、ボルドー・ワイン、大吟醸酒と各種ビール、（高級）フランスパン、野菜、卵などがぎっしり詰まっていたのである。

とても一日では食べきれそうもない。量だけではない。値札を見ると、私が日ごろ買っているもののざっと二倍である。驚くべきことに、これらの食べ物はすべて、普段夫人とともに食べているものだと言う。このように豪華な食べ物を残すのはもったいないと考えた私は、当初の予定を変更して、竹山山荘で二泊させてもらうことにした。

到着した日は、午後から深夜まで食べ放題、飲み放題で歓・放談。日付が変わるまで起きていたのは、一〇年ぶりである。翌朝は、挽きたてのコーヒー、フランスパン、ヨーグルトという朝食をとったあと、竹山夫妻行きつけのインド料理店「ナマステ」でランチ（一人五〇〇〇円）。夜はまたまたステーキ、ワイン、日本酒で真夜中まで歓談。

三日目は朝食をスキップして、昼に諏訪湖のほとりにある老舗の日本料理店で定食（一人六〇〇〇円）。その後大泉に廻って、私の山荘で数時間すごしたあと、中央高速を飛ばして吉祥寺に戻った。

二日にわたって、華麗な食生活につきあった私は、自分の貧弱な食生活についてつらつら考えてみた。

朝食は、野菜サラダ（レタス、ブロッコリー、茹で卵の白身など）の大盛り。ミルクティー（日東紅茶のティーバッグを使用）。六枚切りのトースト一枚。昼は白菜・モヤシ・豚肉の炒め物、おろし納豆そばなどを、緑茶またはほうじ茶で。

夕方は、グラス二杯のカリフォルニア・ワイン（もしくは糖質ゼロの日本酒二合）、アジの開き、そして厚切りチーズを二〜三切れ。これにかかる費用は、一日ざっと一〇〇〇円である。

要介護度四の妻と介護施設で暮らしていたときは、食費として一日四〇〇〇円くらい使っていた。三〇〇〇円は妻のためである。しかし、食べ残した分は夫が食べたので、実質的には夫が二〇〇〇円くらい食べていた。これは竹山氏の食費とほぼ同じである。

一日一〇〇〇円は節約し過ぎではないか、と考えた私は、少しばかり食事の水準を上げることにした。

お米は魚沼産コシヒカリ製の「サトウのごはん」、一〇〇グラム一五〇円のオーストラリア牛肩ロースではなく、五〇〇円のアメリカ牛ヒレステーキ。一本六〇〇円のカリフォルニア・ワインでなく、一本九〇〇円のチリ（またはオーストラリア）ワイン。紅茶は日東紅茶のティーバッグではなく、アーマッドのダージリン・ティーをティーポットで。そして輸入チーズなど。

これでも、一日平均一二〇〇円を超えることはない（ステーキは二週に一回くらいしか食べないし、輸入チーズはスーパーで三割引きの時にまとめ買いするからである）。したがって、追加費用は一年当たり一〇万円くらいである。もう少し贅沢しても破産することはないが、これ以上自分にサービスするインセンティブはない。

母親に冷遇された白川助教授の食生活は、ミゼラブルだった。独り者が食生活を大事にするかどうかは、母親が自分を大切にしてくれたかどうかにかかっている（竹山氏は母親に大事にされていたようだ）。

こう考えれば、母親に冷遇された私の食生活が、白川助教授と大差なくても不思議はない。少しばかりましなのは、妻が夫を大切にしてくれたおかげではなかろうか。

写真の中から夫を見守っている妻は、かねて「もう少し食事のレベルを上げた方がいいんじゃないの」と言っていた。しかし、今ではこう言うだろう。

「そのくらい食べていれば、こっちに来る日が一年くらい先になるかもしれないわね」と。これに

対して夫は、

「そちらに行ったら、サバの混ぜ寿司、中華どんぶり、ロールキャベツをお願いします」とリクエストしている。

妻は、おばあさんに料理の基本を習っただけで、料理学校に通ったことはない。しかし何冊もの料理テキストを買って、あれこれ工夫した。妻は少食だったが、料理の味とお米にこだわった。朝ディナー講習会のあと、「料理はサービス精神の問題なのよね」と言っていたが、妻はサービス精神も旺盛だった。

本文中に〝料理はものづくりである〟と書いたが、妻は夫をはるかに上回る、エンジニアとしての資質を持っていた。優秀な床屋さんは、短時間で上手に髪をカットする。優秀なシェフは、短時間でおいしい料理を作る。妻も短時間でおいしいものを作る技術を持っていた。

専業主婦の妻は、毎朝短時間で、おいしい朝食とAA級弁当を作ってくれた。そして夕方には、たっぷり時間をかけて素晴らしい夕食を作ってくれた。優秀な料理人が、たっぷり時間を掛けて作った料理は絶品だった。私はアメリカとヨーロッパに単身赴任していた一年を除いて、（妻の難病が進行するまで）一万五千日間このような食事をしていたのだ。

なお、この本の冒頭で記した、幼稚園・小学校時代の食歴については、私の記憶に若干不明な部分があったため、（「梅ちゃん先生」よりは軽度の）脚色を施した。事実を大きく乖離した記述はないはずであるが、半世紀以上昔のことゆえ、不問に付していただければ幸いである。

最後になったが、いつもながら草稿を詳しく読んで、多く有益なコメントを下さった竹山協三博士（中央大学名誉教授）と、青土社編集部の菱沼達也氏に厚く御礼申し上げる次第である。

二〇一六年八月

今野　浩

著者　今野浩（こんの・ひろし）

1940年生まれ。専門はORと金融工学。東京大学工学部卒業、スタンフォード大学OR学科修了。Ph.D., 工学博士。筑波大学助教授、東京工業大学教授、中央大学教授、日本OR学会会長を歴任。著書に『工学部ヒラノ教授』、『工学部ヒラノ教授の事件ファイル』、『工学部ヒラノ教授のアメリカ武者修行』（以上、新潮社）、『工学部ヒラノ助教授の敗戦』、『工学部ヒラノ教授と七人の天才』、『工学部ヒラノ名誉教授の告白』、『工学部ヒラノ教授の青春』、『工学部ヒラノ教授と昭和のスーパーエンジニア』、『工学部ヒラノ教授の介護日誌』『あのころ、僕たちは日本の未来を真剣に考えていた』（以上、青土社）、『ヒラノ教授の線形計画法物語』（岩波書店）など。

工学部ヒラノ教授とおもいでの弁当箱

2016年10月25日　第1刷印刷
2016年11月10日　第1刷発行

著者——今野浩

発行人——清水一人
発行所——青土社
〒101-0051　東京都千代田区神田神保町1-29　市瀬ビル
［電話］　03-3291-9831（編集）　03-3294-7829（営業）
［振替］　00190-7-192955

印刷所——ディグ（本文）
方英社（カバー・扉・表紙）
製本——小泉製本

装丁・イラスト——桂川潤

ISBN978-4-7917-6954-4　C0095